ことばの授業づくりハンドブック

中学校・高等学校

漢文の学習指導

・実践史をふまえて・

神戸大学名誉教授・元早稲田大学特任教授
浜本 純逸《監修》・冨安 慎吾《編》

渓水社

序　――漢文教育の授業デザインのために――

本書には、戦後の漢文教育史を概観（序章）した上で、一九八〇年頃から二〇一〇年頃までの漢文教育実践史を記述している。先進的な実践について、その目的・内容（教材）・方法・評価法を要約し、特徴を解明している。これからの実践の先端に足場を築いて未来の漢文教育の在り方を切り拓く実践史の試みである。

私は、次の三点に留意して本書を紐解いた。

一つは、漢文訓読体という文体。日本人は、漢文訓読体という文体を獲得することによってタテ社会の封建的身分社会から平等を旨とする近代市民社会への変革を可能にした。

漢文訓読体は、漢文を国語で読み下した文体である。日本人には快く感じられる「訓読リズム」を持つ。「普通文」とも言われたように、明治期の後半には日用の文章語として親しまれた。漢文訓読体の雄勁な表現力に留意したい。

二つは、漢文の論理的表現法。漢文教材には明快な論理的文章が多い。漢字は一字で意味と音を表す表語文字である。一字が固有の意味世界を持つと同時に、組み合わせることによって複雑な概念をつくりだす。意味の深い概念を駆使することによって混沌とした現実を切り分け論理的に意見を構築していく。

一般に、漢文訓読体の議論文には、冒頭に結論を述べて、その後に主旨を敷衍していく演繹法の文章が多い。日本人の評論文には事実または体験したことを述べて末尾に意見を述べる帰納法の文章が多い。演繹型の論理に習熟させるためにも漢文の論理展開に出会わせたい。漢文訓読体の「読み書き」は、コミュニケーション能力に培い、思考力を鍛える。

三つ目は、教養としての漢詩文実作。大分県日田市の咸宜園を訪ねた折、記念館に展示された「咸宜園の教科課程」に「九級上――文五十篇、詩百篇」とあり、いささか目を見張る思いをした。カリキュラムの最終階梯に創作を指示していたのである。

その後調べてみると、各藩校では儒学学習の上級段階において「漢作文及び漢詩創作」を義務づけていたことが分かった。江戸期の後半から明治二十年ころまで、儒学の学習は漢詩漢文の創作がその終着点であった。

辻本雅史氏は、「漢詩や漢文を実作することは、近世文人としての自己表現の方法であったから、不可欠な教養であった。」（辻本雅史『思想と教育のメディア史―近世日本の知の伝達―』二〇一一年　ぺりかん社）と述べている。漢文（訓読体）や漢詩を創作する体験によって、学習者はそのリズムを体感し、語彙力を深め確かにする。認識と表現の方法を身体化する一歩となる。その体験は人生や自然をみる目を確かにし、心を豊かにする教養となるであろう。

本書の第一章では、訓読、よみつがれてきたテキスト、現代の日本語テキストとの距離、という魅力的な三つの視点から「漢文教育の意義」を論じている。

第二章では戦後から平成二〇年までの約六〇年間の漢文教育の歴史がたどられている。戦後初期に「わが国語・わが古典」と位置づけられ、「世界文化の理解への一環」として単元学習的展開を試みる教科書があったことを指摘した後、昭和三〇年代以後を旧来の「訓読の訓練」と考える復帰期としている。復帰は「前進であったのか、後退を意味するのか」という挑発的な文言が添えられている。

第三章の前半は漢文テキストのジャンルごとの「学習目標」・「実践の実際」・「実践のデザイン」の観点に分けて考察し、後半は特に「総合化」・「言語活動」・「創作指導」・「文字及び語彙」に焦点を合わせた提案性のある実践を紹介し分析している。

ここに取り上げられた一九八〇年頃から二〇一〇年頃までの実践の特質は、学習者の目線に立って「学び」を成立させようとする工夫と努力にあった、ということが出来る。

展望では、①漢文教育の伝統（訓読・注釈・解釈・講義）と現代漢文教育との連続不連続、②訓読体漢文の学習文化、という二つの観点よりこれからの漢文教育のありかたへの「大いなる期待」が語られている。

本書には、漢文教育研究の第一人者である冨安慎吾氏の編集によって、各分野における最適の執筆者が掘り起こされ、質の高い論考を得ることができた。学ぶことの多い原稿の第一読者になって、いま、私は喜びに包まれている。

二〇一六年六月二〇日

浜　本　純　逸

目次

序 ―漢文教育の授業デザインのために― …… 浜本純逸 …… i

I 国語科教育における漢文教育の意義 …… 冨安慎吾 …… 3

II 漢文教育の歴史 …… 冨安慎吾 …… 13

III 国語科教育としての漢文教育実践

第一章 思想教材を用いた実践 …… 植田 隆 …… 48

第二章 史伝教材を用いた実践 …… 菊地隆雄 …… 73

第三章 漢詩教材を用いた実践 …… 阿部正和 …… 101

第四章 日本漢文教材を用いた実践 …… 冨安慎吾 …… 125

第五章 漢文と古文・現代文の総合化を図った指導 …… 世羅博昭 …… 148

第六章 漢文教育における言語活動 …… 大村勅夫 …… 180

第七章 漢詩を中心とした創作活動 …… 岡本利昭 …… 195

第八章 中学校・高等学校における漢字・語彙指導の工夫
―未来に生きる授業のデザイン― …… 李 軍 …… 213

Ⅳ　展望――これからの漢文教育の授業づくり……安居總子……235
おわりに……冨安慎吾……251
索引……256

ことばの授業づくりハンドブック

中学校・高等学校　漢文の学習指導

――実践史をふまえて――

Ⅰ　国語科教育における漢文教育の意義

冨安慎吾

一　漢文教育の難しさ

国語科教育において漢文教育、すなわち、「漢文テキストを用いた学習指導」を行う意義とはどのように考えられるだろうか。

このことについて考えるために、まず、逆に「漢文教育を国語科の一領域として行うことの難しさ」を述べている市川珠里（二〇一〇）[1]の議論をみてみたい。市川は、その難しさを「漢文を学ぶ過程を必要とする漢文の性質が、より発展的な「漢文で学ぶ」という目標への道のりを遠ざけている」ことだと指摘する。すなわち、「生活に必要な国語の能力を高める」ことや「国語に触れることで思考力や心情といった内面を高める」ことを「漢文で学ぶ」学習が、現代語訳をしたり訓読をしたりといった「漢文を学ぶ」学習によって（特に時間的に）阻害されてしまう、というのが市川の主張である（一七頁）。

確かに、大学入学試験をはじめ、漢文学習についての学習観は、「漢文を学ぶ」ことに偏りがちであると言うことができそうである。教室の状況を報告する論考にも、現在の学習者たちが、「大学入学試験に漢文が出題される」

ということに動機づけられて漢文を学習している姿がみとめられる(2)。これでは、漢文教育はある種の「暗号読解」のようなものであって、国語科教育の一分野としての役割を果たしていないと指摘することもできるだろう。

しかし、本当にそうだろうか?

ここではこの「難しさ」を問い返すところから、漢文教育の意義を考えてみたい。それは、「漢文を学ぶ」ことと「漢文で学ぶ」ことという二分法ではない考え方をしてみようという試みである。

二　漢文テキストの性質から

市川の指摘するように、「現代語訳をしたり訓読をしたり」という過程が(教材を現代語訳にでもしない限り)いやおうなしに存在するのが、漢文教育の避けがたい特徴である。国語科教育において、とりわけ「読むこと」の領域において、教材とする可能性のあるテキストには様々なものがあるが、漢文テキストはそのなかでも複雑な性質を持つテキストであると言えるだろう。「漢文で学ぶ」ことと「漢文を学ぶ」ことを二分法ではなく考えようとするならば、このような性質を含めて、漢文テキストの持つ性質が現代の学習者にとって、どのような学びの触媒たりうるかを考えなければならない。

現代の学習者による学習を想定する以上、漢文テキストの性質は、時代状況を越えた「普遍的な性質」と捉えられるべきではなく、現代(二〇〇〇年代)の日本というこの状況において、「社会的に構築された性質」として捉えられるべきである。そのために、まず、漢文テキストの立ち位置を、他のテキストとの比較において描きだしてみよう。横軸に「過去」と「現代」を、縦軸に「日本語」と「外国語」とを置いてみると、漢文テキストの立ち位置を次のように描画することができる。

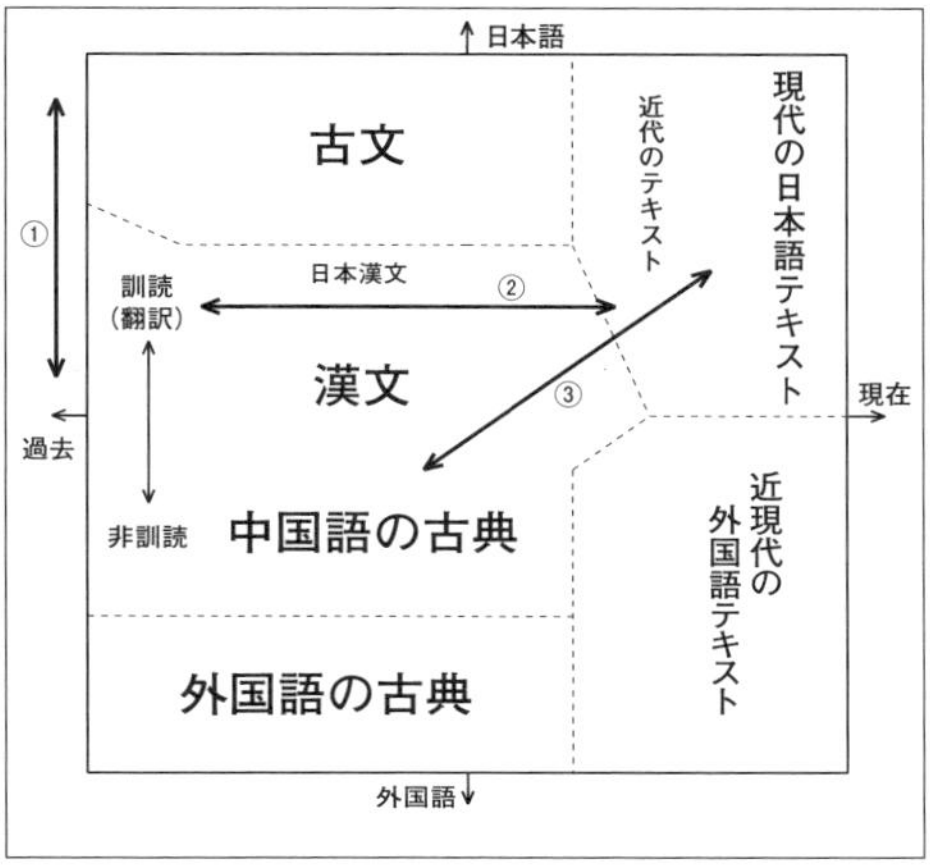

横軸でみるならば、日本語の歴史の中で古文（和文）と並んで読まれ、書かれてきたのが漢文テキストである。ここからは、「日本の古典」としての漢文テキストの姿が浮かび上がる。一方、縦軸でみるならば、日本語と外国語（中国語）の間で、訓読という一種の翻訳法によるいわば「半翻訳テキスト」としての漢文テキストの姿が浮かび上がる。

それでは、このように見いだすことができる漢文テキストの性質は、現代の学習者にとってどのような学習の触媒になりうるものだろうか。以下では、図の①②③の関係性に着目し、それぞれ①「訓読」、②「読みつがれてきたテキスト」、③「現代の日本語テキストとの距離」の3点から、現代の学習者にとっての漢文テキストの性質を考え、漢文教育の意義を描いてみよう。

三　「訓読」から考える意義

まず、①「訓読」という性質に着目してみよう。

縦軸からみると、「訓読」は、「中国語の古典」を「漢文」へと翻訳する手段として見えてくる。現在の学習者にとっては、どちらも日常的に用いている言語とは異なるものだが（それゆえに、ただの「暗号解読」の過程として、確たる意義を持たないかにみえるが）、それに横軸を加えて、「訓読」という言語行為が「現代の日本語テキスト」の元をなしたものととらえれば、次のような点で「訓読」と自分たちの用いている言語との関係が見えてくる。

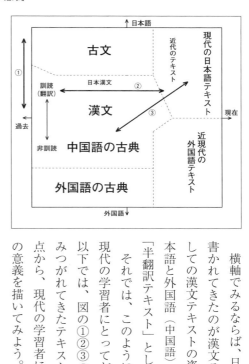

1　音読み・訓読みについての理解を深める意義

学習者らにとって、漢字に「音読み」と「訓読み」とがあることは自明のことである。しかし、「音読み」と「訓読み」とがそれぞれどのような読み方であるかについては意識していないことが多い。漢文テキストの持つ「訓読」という性質に触れることは、これまで無意識に使い分けてきた「音読み」「訓読み」という言語行為に対し、改めて考える機会になるだろう。特に「訓読み」という読み方が、ある種の「翻訳」であるということは、学習者の持つ「漢字」観をゆさぶり、改めて漢字の意味を考える学習につながる可能性がある。

現在の「訓読み」は決して最初から当たり前だったものではなく、平成二二年に改められた常用漢字表においても「創《つく》る」や「応《こた》える」が新たに加わるなど、変化を続けているものであることを意識することは、日本語をただ使う消費者としてではなく、これからの日本語を作っていくメンバーのひとりであることを意識することにもつながると考えられる。

2　日常的に用いている熟語についての理解を深める意義

また、日常的に用いている熟語と訓読との間にも関係がある。特に、「読書＝書を読む」「未来＝いまだ来たらず」など、熟語の構成を改めて「訓読」という視点から捉え直すことは、日常的に触れる機会が多く、また、常に新しく生み出され続けてもいる熟語に対する理解を深めることに培う。加藤美紀（二〇一四）[3]は、この訓読について、学習者らが意義を感じていないことを示している。

「役立つと思わなかった」と「無回答」を合わせた八〇・一％の生徒は、漢文学習を特色付けている「漢文の訓読の仕方を理解すること」即ち、なぜ訓読法という方法を用いて中国の古典を読むのか、理解していない可

能性が高い。学習する理由が不明瞭では、学習への動機付けも不十分になり、ひいては不人気となるのも当然である。（一四九頁）

加藤はこのように述べ、小学校段階において、二字熟語を五つのパターンにわける学習を訓点を用いて行うことを提案している（一五七頁）。

3　「訓読」＝「翻訳」＝「解釈」行為を意識することができる意義

1・2の視点は、「古典」として取り扱われる漢文テキストであっても、いまなおそこには「解釈」を通した創造的な読みが行われていることを理解することにつながってもいる。

このことからは、「古典」の読み方は、簡単に「正解」と言えるものがあるわけではなく、誰かの解釈の結果として教科書や書籍に掲載されていることを意識することにもなるだろう。オリジナルの訓読みを考えたり、異なる訓読を比較したりする学習も、言語行為への意識を深める。このことは、次の「読みつがれてきたテキスト」という性質にもつながっている。

四　「読みつがれてきたテキスト」から考える意義

次に、②「読みつがれてきたテキスト」という性質に着目するとどのような意味がみえてくるだろうか。

横軸からみると、漢文テキストは長きにわたって書かれ、読まれてきたテキストとしてみることができる。一方で、縦軸からみると、日本語が訓読という過程を経て中国語の古典からどのように影響を受けてきたかを知ることもできる。このことからは、次のような意義を考えることができる。

1　日本語や日本の言語文化の来歴についての理解を深める意義

言葉には歴史があり、また、言葉によって作られてきた言語文化にも歴史が存在する。横軸と縦軸を含めた両方の軸の視点からみるならば、漢文テキストを学習することで、日本語や日本の言語文化の歴史の中で、どれだけ漢文テキストを通して中国語の古典の影響を受けてきたかを理解する学習を行うことができることが想定される。そのためには、日本漢文や日本の古典といったテキストを合わせて用いることが必要になるだろう。

2　様々な時代や目的に応じた読みの蓄積についての理解を深める意義

さらに考えるならば、漢文テキストの特徴は、それが長い年月において、多くの読者に「読みつがれてきた」こと自体にも求められることになる。たとえば『論語』は、過去の中国におけるいくつもの解釈もあれば、過去の日本における解釈もあり、また、今なお様々な解釈を示す書籍が発行され続けているテキストである。それらの解釈は、当然、その読まれた時代の価値観や考え方を『論語』に投影するようなものにもなっているが、そのような投影の歴史そのものを、読みの蓄積として理解し、自分自身との違いを考える学習もありうる。

3　自分自身がそこに読みをつけくわえるということの意義（訳詩・翻訳）

このことは、さらに敷衍するならば、そのような読みの蓄積の最前線に自分（学習者）が立ちうる、ということでもある。ただ読むだけではなく、新しく訓読したり、翻訳したり、訳詩を作ったりすることが、読みの蓄積という伝統の先で創造行為を行うことを意識することにつながっている。

五　「現代の日本語テキストとの距離」から考える意義

最後に、③「現代の日本語テキスト」と距離があることという性質にどのような意味をみいだすことができるかを考えてみよう。横軸・縦軸という視点からみれば、「漢文テキスト」は、比較的触れやすい「過去」の「外国語（に近い）」テキストである。このことからは、次のような意義が考えられる。

1　理解できない他者性のあるテキストを読むことの意義

漢文テキストに表現される内容は、現代を生きる学習者にとっては共感しにくいものでもある。現在でも使う漢字であっても、その示す意味内容が異なることも珍しくない。そのようなテキストを読み解いていくことは、簡単には理解できない他者を理解していく仕方の学びとなる。その時代の常識や流布している言説、価値観、言葉に込められた意味など、異なる時代・文化のコンテキストを踏まえて理解していく姿勢を育むことになる。

2　共感することについて考える意義

一方で、学習者たちは漢文テキストの内容に共感することもある。しかし、そこに見られる共感は、あるいは、漢文テキストを鏡として、自分自身を眺めている（投影している）だけかもしれない。時代や状況が異なる文章に対して、現代を生きる自分が共感する、というそのこと自体をふりかえることは、テキストに相対していく際の姿勢について学ぶことにもつながるだろう。

六　状況の中での漢文学習

以上、現代の学習者という視点からみた漢文テキストの性質から、漢文教育の意義の可能性について検討した。漢文教育の目的は、ここまで述べてきた意義を、いついかなる状況においても網羅することを目指すことではない。なぜなら、学習とは、目的ありきで発生するのではなく、学習という行為が発生する状況（学習者の置かれている立場や社会的・文化的状況など）に基づいて起こるものだからである。漢文テキストの性質と状況とをむすびつけて考えたときに、学習の目的や内実は形をもって見いだされてくる。

このように考えると、「漢文で学ぶ」ことと「漢文を学ぶ」ことについて二分法で考えることは、漢文教育を構想する上では有効ではないように思われてくる。「漢文で学ぶ」ことの中には「漢文を学ぶ」ことと密接に結びついているものもあれば、そうではないものもある（目的によっては、現代語訳を用いることも考えられる）。とするならば、「漢文で学ぶ」ことと「漢文を学ぶ」こととを区別してとらえるよりは、その学習の状況において「漢文を学ぶ」（訓読したり現代語訳したりする）ことが、学習者にとってどのような学びとなっているか（あるいはなっていないか）を考える方がよいだろう。「漢文を学ぶ」ことがいついかなる時でも無意味なのではない。「漢文を学ぶ」ことが、学習者にとって意味をなしていない場合があることが問題だと考えられるからである。

本章では、「訓読」「読みつがれてきたテキスト」「現代の日本語テキストとの距離」という視点を用いたが、当然ながら、学習の目的とテキストの性質とをむすびつけて考えれば、これら以外の視点も、その学習の置かれる状況に応じて見いだされうる。漢文教育の意義は、どのような状況にあっても「普遍的」に存在するものではなく、社会構成的に存在するということを忘れてはならない。

注

（1）市川珠里（二〇一〇）「漢文教育が抱える問題に対して教師の取るべき姿勢」（『ICU国語教育』二、国際基督教大学国語教育ゼミ）

（2）菅原利晃（二〇一三）「漢文「寓話」の授業 漢文を生徒の日常に近づけ親しませる学習指導」（『解釈』五九―五、解釈学会）

（3）加藤美紀（二〇一四）「国語科における漢文教育のあり方について 文字教育としての活用」（『共立国際研究 共立女子大学国際学部紀要』三一、共立女子大学国際学部）

Ⅱ　漢文教育の歴史

冨安　慎吾

一　歴史を考えることの意味

ここでは、漢文教育の歴史として、特に戦後の営みについて述べる。しかし、その前に、なぜ「歴史」を考える必要があるかについて考えておこう。

漢文教育に限らず、私たちにとって、自身の持つ教育観を問い直すことは簡単ではない。なぜなら、教育観を私たち自身が自覚しているとは限らず、それを意識化すること自体に困難が伴う場合があるからである。そこで、教育観を問い直す方法として、ここでは漢文教育史を考えるという方法を考えてみたい。歴史を考えることは、どのように教育観を問い直す方法となりうるのだろうか。

ところで、そもそも「歴史」とは何だろうか。この点について、歴史学者の保苅実（二〇〇四）[1]は、「人が過去を経験する歴史時空というものは、根源的に多元的」（二七頁）と述べた。保苅によれば、「歴史は、生きられる経験」（五九頁）であり、個人によって異なるものである。

歴史実践の諸形式は、時代や地域、階級やジェンダー、信仰や趣味などによって多様でありうるだろう。年寄りの昔話を聞くことも歴史実践であれば、旧約聖書を読むことも歴史実践である。琵琶法師も歴史実践していたわけだし、多くの祭りや儀式も歴史実践という側面をもっていた。過去は、台所において現在にもたらされてきただろうし、居酒屋で歴史が制作される場合もあるだろう。遺跡の発掘や訪問といった活動も歴史実践だし、歴史的事件を主題にした映画を観ることも歴史実践だし、寄席に落語を聞きに行くことも歴史実践だ。（五〇頁）

この保苅の認識に従うならば、私たちが授業実践を行ったり、漢文教育について（あるいは国語教育について）語ったりするという行為も、自身の「歴史」＝漢文教育史をつむいでいく行為であると考えられるだろう。当然ながら、ここでつむがれる漢文教育史は、個人によって異なっていることになる。つまり、私たちは、それぞれ漢文教育に関する「異なる歴史時空」を生きているのである。

この「歴史」の問題と、教育観の問題とを重ね合わせると、次のように考えることができる。すなわち、私たちはそれぞれの漢文教育観を、個々人の持つ漢文教育史（「歴史時空」）をベースとして生成しているはずだ、ということである。

保苅は、「僕らだって、日常生活の中で、やっぱり歴史のメンテナンスをやっているはずなんですよね」（一九―二〇頁）という言い方によって、日常的に歴史をつむいでいくことを「歴史のメンテナンス」と言い換えた。この言葉に従うならば、私たちも普段の授業実践を行ったり、同僚と「小学校のときに漢文を暗誦してきている生徒がいること」などを話題にしたりすることで漢文教育史をメンテナンスしているはずだが、しかし、それはどの程度のサイズを持ったメンテナンスだろうか。

このことを確認するためには、たとえば、次のようなことについて、どう考えるかを思い起こしてみるといいだろう。

・漢文はなぜ国語科で行われるのだろうか（漢文はなぜ国語科で行われるようになったのだろうか）。
・漢文はどうして必修科目なのだろうか（漢文はずっと必修科目だったのだろうか）
・「現代文」や「古文」とは別の単元で行われるのは当たり前なのだろうか（いつから漢文は「漢文の時間」に行われるようになったのだろうか。教科書では昔から別の単元だったのだろうか）

このような点について、私たちの漢文教育史が沈黙しているとすれば、それは、私たちがそれぞれでつむいでいる漢文教育史について、メンテナンスできる幅が狭くなっているということである。

私たちが現在の漢文教育以外の姿を想像しにくいとすれば、歴史から導かれうる「ありえたかもしれない漢文教育の姿」が今の私たちには十分にはみえていないことが原因のひとつであろう。このとき、現在の漢文教育の姿は「こうでしかありえない漢文教育の姿」としてしか表れてこない。

ここまでの議論を踏まえて考えてみると、漢文教育の歴史を考えることは、自分の持つ漢文教育史とは異なる漢文教育史と対話することになるはずである。異なる漢文教育史との出会いは、自分自身が無意識に抱いてきた漢文教育史の姿を明確にするとともに、その漢文教育史をベースとして生成している漢文教育観をも明確にする。これを経由することによって、私たちは「ありえるかもしれない漢文教育の姿」を構想していくことができるようになるのではないだろうか。

以下では、戦後の漢文教育の歴史について、大きく三つの視点から見てみたい。

・戦後初期において、漢文教育はどのように国語科に位置づいたのか（昭和二十年代前期〜中期）
・国語科に位置づいて以降の漢文教育では、どのような教科書が作られたのか（昭和二十年代後期）
・現在の漢文教育の姿にはどのように近づいていったのか（昭和三十年代）

これらの視点を見直してみることは、漢文教育史のメンテナンスに資するはずである。

一　戦後初期において、漢文教育はどのように国語科に位置づいたのか（昭和二十年代前期）

これまで改訂されてきた学習指導要領の変遷を、漢文の位置づけをもとに概観してみると次のようになる。

改訂年度	科目（※は必修科目　☆は選択必修科目）	漢文の位置づけ
昭和二六年	国語（甲）※・国語（乙）・漢文	「国語（甲）」と「漢文」に含まれる。
昭和三一年	国語（甲）※・国語（乙）・漢文	「国語（甲）」と「漢文」に含まれる。
昭和三五年	現代国語※・古典甲☆・古典乙Ⅰ☆・古典乙Ⅱ	「古典甲」「古典乙Ⅰ」「古典乙Ⅱ」に含まれる。
昭和四五年	現代国語※・古典Ⅰ甲※・古典Ⅰ乙・古典Ⅱ	「古典Ⅰ甲」「古典Ⅰ乙」「古典Ⅱ」に含まれる。
昭和五三年	国語Ⅰ※・国語Ⅱ・国語表現・現代文・古典	「国語Ⅰ」「国語Ⅱ」「古典」に含まれる。

平成元年	国語Ⅰ※・国語Ⅱ・国語表現・現代文・現代語・古典Ⅰ・古典Ⅱ・古典講読	「国語Ⅰ」「国語Ⅱ」「古典Ⅰ」「古典Ⅱ」「古典講読」に含まれる。
平成一〇年	国語表現Ⅰ☆・国語表現Ⅱ・国語総合☆・現代文・古典・古典講読	「国語総合」「古典」「古典講読」に含まれる。
平成二〇年	国語総合※・国語表現・現代文A・現代文B・古典A・古典B	「国語総合」「古典A」「古典B」に含まれる。

戦後において、漢文教育は一貫して国語科の科目の中で行われ、教科の名称となることはなかった。今となっては当然のようであるが、戦前において、「国語及漢文」などの形で「国語」と「漢文」とが対置される時代が長く続いたことを思い合わせれば、最初からそれが当然のことであったわけではない。

戦後初期における漢文教育についての考え方は多様であったが、中でも、それまでの議論を踏まえて国語科への位置づけを明示したのは昭和二六年に示された『中学校高等学校学習指導要領国語科編（試案）』である。現在における学習指導要領の解説以上に詳細に記述された試案において、漢文教育は、「第七章 国語科における漢文の学習指導」として一章分を使って述べられている。この試案における記述が、戦後の漢文教育のひとまずの出発点となったことを確認しておきたい。この章の冒頭では、まず「漢文学習の範囲」として次のように述べられている。

〔漢文体の文章はもとは漢民族の書きことばであったが、訓読された漢文体の文章は、わが古典の中にはいる。ゆえに、漢文は国語科の中で学ばれなければならない。〕

漢字・漢語はもと漢民族によって作られ、漢文体の文章はもとは漢民族によって書かれたものではあるが、しだいに、いわゆる漢字文化圏内の諸民族間共通の書きことばとして用いられるようになった。わが国においては、漢籍伝来のはじめには、漢文はそのまま音読され、そのような文体が学んで作られていたらしいが、やがて漢字の音や訓を借りて、わが国のことばをしるすようになり、いわゆる訓読が行われて、これを学んで作る場合にも、訓読する気持で作ることが多いようになり、自然に、純粋の漢語でないことばも文の中にはいるようになった。したがって、漢文とはいうけれども、わが国で読まれ、書かれてきた漢文は、わが文章語体の一種であり、わが国語として扱われてよい性格を有し、わが古典の中にはいるものである。(二〇六頁)

ここで宣言されているのは、漢文を「わが国語」「わが古典」として取り扱うということである。「もとは漢民族の書きことばであったが、訓読された漢文体の文章は、わが古典の中にはいる」と周到に述べ、「ゆえに、漢文は国語科の中で学ばれなければならない」として、漢文教育を国語科の中で行う理由づけとしている。では、なんのために漢文教育を行うとしたのか。そのことについては、次の3点が「おもな意義」として示されている。

1　漢文は古くから、わが国語で読まれ、そのおもなものは、わが国の重要な古典になっている。

2　わが国は古くから漢文や漢文調の文章を書きことばとして用いてきた。そうしてそれらの中には、わが国の重要な古典となっているものもある。

3　国語は、文字・音韻・語い・文法・文体などのあらゆる面で、漢文と深い内面的な連関を持っており、新しいことばが作られるときなどにも、漢字・漢語を用いることが多い。したがって、国語の知識・理解・技術・能力・鑑賞・理想を高め、また国語の発達を図ろうとする態度を作るためにも、漢文の学習は必要である。（二〇九～二一一頁から抜粋）

一つ目の意義は、中国で作られ、日本で読まれた漢文が古典となっていること、二つ目の意義は、日本でも漢文や漢文調の文章が作られ、それらの中にも古典となったものがあることに基づいている。このように古典としての価値に重きを置く一つ目・二つ目の意義に対し、三つ目の意義はやや方向性を異にする。「国語の知識・理解・技術・能力・鑑賞・理想を高め、また国語の発達を図ろうとする態度」のために漢文を必要とするこの意義は、現代の日本語（国語）についての能力を高めるための教材として漢文を位置づけるものである。

われわれの日常の話しことばの中には、特に書きことばの中には、多くの漢文的な要素がとけこんでいる。われわれが日常無意識に使っている、さまざまな用語や格言などを正しく理解するためにも、あるいは文法や語いの組み立てを理解するためにも、あるいはまた、漢字・漢語の持つ特性を活用して、力強い表現をするとか、ひきしまった簡潔な表現をするとか、改まった厳粛な表現をするとか、すべて語いを豊かにしてそれを効果的に表現することに慣れるためにも、その他いろいろな面で、われわれの国語の知識・理解・技術を高めるためには、漢文の学習は必要である。（二一一頁）

これらの意義から、学習指導要領では「漢文学習指導の目標」として、次の6点が示された。

1　漢字・漢語の構造や発音や意味を理解し、かつこれを正しく効果的に用いる技術と能力とを高める。

2　漢文体・漢文口調の言語・文章の特質を理解し、それを国語の効果的な使用に役だてる。
3　漢文の文章の構造を理解し、これを読みこなす能力を伸ばす。
4　わが国の文学と漢文との関係を理解し、広く文学の鑑賞に資する。
5　わが国の古典としての漢文をよく理解して、われわれの生活を豊かにする。
6　日本文化・東洋文化に貢献した漢文の意義を理解する。（二一二頁）

1・2に示される目標が、三つ目の意義に対応していることがわかる。このようにみると、現在と比較しても、漢文教育がその当時の学習者の「国語の効果的な使用」に資するものとして強く意義づけられていたことは明らかである。

一方で、「わが国の古典」であり「国語の効果的な使用」に資するものと位置づけられることによって、後退した意義もある。二六年の改訂以前、漢文教育の目標については多様な議論があった。その中には、漢文学習を中国文化を理解するためのものとして位置づけるものもあったのである。

たとえば、昭和二二年から昭和二三年にかけて発行された高等学校用準国定教科書『漢文一』『漢文二』『漢文三』（中等学校教科書株式会社）では、漢文学習の目的は次の四点とされていた。

一、東洋文化の淵源を知るために
二、漢民族を正しく理解するために
三、中華民国を認識するために
四、わが過去の文化を知るために（『漢文一』一頁）

一〜三をみても明らかなように、その主たる目的は東洋文化、ひいては中国の理解に置かれている。また、四についても、あくまでも「過去の文化を知る」ことが目的とされており、二六年の学習指導要領にみられるような、「国語の効果的な使用」に類するものはまだみられない。四を反映するものとしては、日本漢文のみで構成される「中篇」が『漢文三』に採録されている。採録されている教材は「天女」（丹後風土記）、「漢学之始」（古事記）、「以和為貴」（憲法十七条）、「遣隋使」（日本書紀）、「望不尽山」（山部赤人）、「梅花歌序」（山上憶良）、「古語拾遺序」（斉部広成）、「池亭記」（慶滋保胤）、「菊河駅」（東鏡）と、ほぼ時代順に並んでいる。

当時の指導書には、「本巻の中巻では、和文の創造以前の漢字をならべた文章、漢土の文章の模倣文、和文発達後の漢字のみの和漢混淆文の例を少しならべて、漢文の知識がなければわが古典がわからぬということを実証したつもりである。(2)」（十一頁）と述べられており、日本の過去の文化を知るために漢文の知識が必要であることを示す意図があったことがわかる。これ以外にも、日本とのつながりを強調する点が各所にみられるが、その主たる目的が文化の理解に置かれていた点には変わりがない。

二六年の学習指導要領において示された意義は、このような中国文化・日本文化の理解を副次的な目標とし、「国語の効果的な使用」など、「国語科」としての位置づけを重視した点で大きな意味を持っていた。このような意義の変化は突然起こったわけではなく、昭和二四年に発行された検定教科書『新漢文』（秀英出版）の編修などを経て起こっている。これらの議論において中心的な役割を果たした長澤規矩也は、二六年の学習指導要領改訂前夜において次のように述べている。

今、私が考える漢文学習の目的とか意義とかいうべきものは、これを一言でいえば、国語学習の一部であるということにあり、中教の「漢文」の序説にしるした各条は副目的となる。それを詳述すれば次のごとくであろう。

元来、漢文体の文章を産み出したものは漢民族であったが、われわれの学習の対象となる漢文は、わが国で古来読まれて来たものであるか、書かれて来たものであって、純粋の外国語の文章ではなく、わが文章語の一体として取り扱われるべきもの、わが古典の中にはいって、国語学習の一部としての古典学習の一部分として当然学習されるものであり、しかも、その漢文の熟語の構成や、文章の中のことばの排置が国語と違うのみならず、国語の中の文章語として扱われるための訓読の方法には古来特別のしきたりがあり、訓点という特別な符号もあって、漢文を原文のまゝで読みこなすには、それに応じた予備知識と技能とが必要となるのであるから、特殊の訓練が要求される。その訓読を経て、今日の現代語中に生きている漢字漢語や漢文口調など漢文的要素を十分に使いこなすことができるのである。故に、今日の漢文学習の目的は国語学習の効果を挙げるためといってよい。[3]（三六一頁）

ここには、漢文を「国語科」の中に位置づけようとした戦後初期の試みがよく現れているのである。

三　国語科に位置づいて以降の漢文教育では、どのような教科書が作られたのか

（昭和二十年代後期）

戦後の漢文教育の歴史をみたときに、特に教科書において最も多様な試みがみられたのが昭和二十年代後期である。二六年の学習指導要領において、ひとまず漢文学習を「国語科」の中に位置づける理路は示されたものの、す

ぐさますべての教科書が同じ考えに基づいたわけではなかった。

昭和二十年代後期にみられる議論については、次の2点から整理することができる。

・教科の編成についての議論（漢文学習の意義についての議論）
・テキストの形態／種類についての議論（漢文教材の形式についての議論）

前者は、漢文学習を何のためにどの教科において行うべきか、という議論である。「国語科」に位置づける理路は示されたものの、一方では、「外国語科」や「社会科」という提案もなされており、「国語科」に位置づくことが当然視されていたわけではなかった。

後者は、漢文学習においてどのようなテキストを用いるべきかという議論である。現在用いられている白文に訓点を施した形態や白文、書き下し文に現代語訳など、学習の目的に合わせて多様なテキスト形態が提起され、議論された。当時における漢字制限の問題も、漢文を学習することが学習者の負担となったり、漢字制限の理念を崩すものとなったりするという観点から議論に関係している。

これらの議論は、漢文学習の目的を問い直した昭和二七年の「東洋精神文化振興に関する決議」に関する国会での議論とその新聞報道などの影響による議論や、漢文の問題が原因となって一度は休会状態に陥りつつも、最終的には漢文の事実上の必修化を決めた三一年の学習指導要領改訂における議論の中にもみることができる。

ここでは、これらの議論を反映した教科書として、三種の教科書をみてみよう。それは、三省堂『漢文』（昭和二六）、三省堂『新しい漢文』（昭和二六）、三省堂『高等漢文』（昭和二九）である。同じ出版社から発行されたこれらの教科書であるが、それぞれが依拠する漢文教育観は驚くほど異なっている。

A　三省堂『漢文』（昭和二六）

三省堂『漢文』[4]の特徴は、「訓読の改良」を試みた教科書であることにある。最初に、『漢文』に採用されている教材の例をみてみよう。

文語調の訓読ではあるが、「従来の訓読」では指示代名詞とされていた「之」、再読文字として用いられていた「且」、「いづくんぞ」と訓じられていた「安」などの訓じ方に改良が加えられている。整理すると、その改良は大きく次の三つの観点から行われている。

（1）「未幾→幾くもなく」「将限其食→其の食を限らんとす」のように無用な再読を無くすこと
（2）「衆狙 皆起ちて（て＝而）怒る」のように助字の意味を明らかにすること
（3）「故《すなは》ち先に」「其《ねがはく》は勉めて鍼石を加へ」のように意味と訓とを合わせること

巻末には「読み方の注意」として、「新しい（この教科書の）読み方」と「今までの読み方」とを比較した表が掲載されている。

では、なぜ『漢文』はこのような訓読の改良を試みたのだろうか。教科書では次のように説明されている。

従来の漢文の訓読の中には、正常な国語からかけ離れた特殊なものもあったことを考え、訓読の歴史に徴して、本来訓読は翻訳であるという立場から、この教科書では、
㋑ことばのはたらきを明確にし、
㋺本文の左側に現代語の翻訳をつけ、

蛇足

戰國策

楚有《リ》二祠《マツル》（先祖まつり）者一。賜《タマフ》二其《ソノ》舎人（召使い）卮酒《ニシヲ》一。舎人相謂《ヒイツテ》曰《ク》、「数人飲《ニテメバ》レ之不《ズ》レ足《ラ》、一人飲《ニテメバ》レ之有《リ》レ餘《リ》。請畫《フエガキテ》レ地爲《ニツクリ》レ蛇《ヘビヲ》、先成《ニル》者飲《マン》レ酒《ヲ》。」一人蛇先成《ニル》。引《イテ》レ酒《ヲ》且《シ》二飲《マント》-之一乃《テ》左手《ニテ》持《チ》レ卮《サカツキヲ》、右手《ニテ》畫《キテ》レ蛇《ヲ》曰《ク》、「吾能《ク》爲《ツクリタレド》-之足未《ダ》レ成《ラズ》。」一人蛇成《ル》。奪《ヒテ》二其《ノ》卮《ヲ》一曰《ク》、「蛇固《モトヨリ》無《シ》レ足。子安能《ナンゾヨク》爲《ツクラン》二之足《ガヲ》一。」遂《ツヒニ》飲《ム》二其《ソノ》酒《ヲ》一。爲《ツクレル》二蛇足《ダソクヲ》一者、終《ツヒニ》亡《ウシナヘリ》（飲みそこねる）二其《ノ》酒《ヲ》一。

卮―大きな酒杯。
且―「将」と同じ。…トスと読んで、再読しない。
乃―単に前後相うけることば。「而」に同じ。
未―「なお」という意味がつけ加えられた否定のことば。
安能―何と同じで反語をつくる。能は可能で、ここでは道理から可能か不可能かということ。安能で、どうしてよかろうか、それは妥当ではないの意。

㈧必要な詳しいことは、上欄に注記した。

このようにして、漢文がらくに読めて、力を専ら内容の理解批判に用いることができるようにした。なお国語教科書が当用漢字・音訓整理を実施している実情に即して、その許容する音訓以外の読みには、最初に出たとき、必ず振りがなを施すようにした。

またこの教科書の訓読は、従来の読み方で正しく意味が取れる場合はそのまゝにし、そのほかは文字の意味を研究して読み方を新しくした。その具体例は、巻末に掲げた一覧表を参照してほしい。

（「この教科書の学び方」）

ここから読み取れるのは、『漢文』が訓読を「翻訳」として捉えているということである。そして、「力を専ら内容の理解批判に用いることができる」ことをよしとしていることである。このことを、編修者のひとりであった波多野太郎は次のように述べている。

特に決定的な問題となるのは、訓読用語が、現代語のニュアンスから遙かに遠いということである。訓読も翻訳であるからには、読んですぐ意味が理解され把握されなくてはならないはずだのに、訓読―翻訳のことばそのもののなかに、すでに死語廃語とすべき奈良のいにしへのものふりたることのはがあつては不自然でもあり不合理でもある。あたかもスタインベックの〝月は沈みぬ〟を枕草子の語法で訳したり、元曲の一篇を狂言の文句で訳すのと同じことになる。(5)(二〇九頁)

一方で、このように訓読を改良することとは、従前に行われてきた訓読とは表現方法を変えることを意味している。この点で、『漢文』は、二六年に改訂された学習指導要領が示した「訓読を経て、今日の現代語中に生きている漢字漢語や漢文口調など漢文的要素を十分に使いこなすことができる」という方向を支持する教科書ではない。波多野は次のようにも述べている。

訓読語法のなかにたとい現代語に生命をまだ保つているものがあるとしても、それは漢文を学んだ老人とか文科の学問をしたとか専門の人々といつたグループの言い分であつて、若いゼネレーシヨンには、全く縁がないことは事実である。(二〇八頁)

訓読は日本語の文語体文であつたという特質がある。これは明治時代に通行した簡潔な文語体文を形成した。しかしだからといつて明治時代の一般的文章や漱石の文章をわからせるために漢文を学習させるという人が相当いるが、それははき違えである。それなら明治時代の文章をいわゆる国語のなかに包括して学習させればよい。このような点にも目的をおくなら、いわゆる漢文学習の目的を自ら局限したものであるし、飛んだおかど違いというべきである。（二一〇頁）

それでは、『漢文』は、漢文学習の意義をどこに置いていたのだろうか。結論から言えば、『漢文』は、漢文テキストを「世界文学」として位置づけようとするものであった。そこでは、「国語（日本語）」との関係は重視されないものとなる。

本教科書に盛った教材は、ひろく過去のアジアの一部の民族の生き方や、その伝統の一部を示し、それを批判して、現社会《ママ》に生きて行くなんらかの資にしようとして選んだのであって、過去のある時期に古典として概念規定されたものの中から、そしてふたゝび古典とされたものの中から選んだものでもなんでもない。人が四書五経・左国史漢・唐宋八大家文・古文真宝・文章軌範や国語とつながりをもつものだけに、古典としての地位を強調し、その他を古典にあらずとするなら、ドグマも甚しい。（中略）

もし本教科書の地志編（引用者注・北京の一年間の生活について述べた『燕京歳時記』のこと）が、国語と関係がないから不都合だというなら、そんなロジックもなりたたない。なぜなら意識としての思想や文学――歴史をはぐくんだ風土、それらの意識としての生活習慣の一班を管見させることが、是非とも必要であり、またそれが国語の中における漢文の比重からいっても肯定されようからである。[6]（四頁）

指導書（『漢文三　教授用参考書』、三省堂、一九五一）において、「編修配列した詩文は、いずれも各時代の歴史状況の基盤に醞醸した意識形態であるがゆえに、その時代の社会をつかんで、その意識をよみとり、批判するように持って行くのが妥当である」（四頁）と述べられていることにも明らかなように、『漢文』は、漢文テキストを「世界文学」として位置づけ、テキストを時代状況のコンテキストを踏まえて読解する、いわば異文化理解を目的とした漢文教育観を持つ教科書だったのである。訓読の改良も、ただ言語抵抗を軽減することを目的としたのではなく、このような漢文教育観にもとづいて行われたことを理解したい。

とはいえ、『漢文』はその理念のすべてを教科書上に実現できず、また、その試みも一回限りのものとなっている。指導書には、「従来の読み方や解義に補正を加えることは、かなりの難事であるが、過渡期的段階において、手加減を加え、漸進的にあえてこれを行い」（二頁）とあり、改訂の際に進めていく考えであったと推測できる。また、波多野は昭和二七年に受験用の参考書『入試問題の新研究 漢文』（三省堂）を著している。この本は入試用に使われるため、訓読の改良を前面に押し出したものにはなっていない。波多野も「三省堂の「漢文」教科書で試みた新しい訓読の試みは、ここでは、その使命から、解説に織り込んだだけで表面的にしなかった。断じて後退したのではない。」と述べ、そのことに触れている。助辞の解説では「古い分野では「……ヲシテ……セシメバ」などと、依然読ませている。」（一三頁）など、従来の訓読の不備についての指摘が少なくない。

『漢文』の試みは一度限りで潰えたものであったが、そこには、昭和二十年代後期に検討された漢文学習の可能性が表れていたのである。

B　三省堂『新しい漢文』（昭和二六）

三省堂『新しい漢文』は、先にみた『漢文』と同時期に発行された教科書である。『漢文』が訓読の改良を行ったのに対し、『新しい漢文』は、全教材の三分の一に現代語訳をつけた教科書であった。『新しい漢文』以前には現代語訳の掲載はほとんど見られず、その点でも、『漢文』とは異なる形で漢文テキストの新たな形を模索した教科書であったと言えるだろう。

さて、現代語訳を掲載する理由として、もっとも考えやすいのは言語抵抗の軽減である。しかし、『新しい漢文』では、三年時においても現代語訳が掲載されたり、単元の最後の教材に現代語訳が掲載されたりしており、特に入門時に現代語訳が集中しているわけではない。そのため、言語抵抗の軽減というだけでは、その理由を十分には説明できない。

現代語訳掲載の理由については、編修者のひとりであった佐藤清太の言葉から推測することができる。佐藤は次のように述べている。

助字研究が具体的に活かされて、はじめて漢文のりっぱな現代語訳が生れてくるわけなのである。したがって、漢文における助字の研究は、単にその要素的・分析的研究に終らずして、それが現代語訳にまで活用されなくてはならぬ。この意味で、漢文の学力をテストするには、原漢文に即した邦語訳を試みさせるのが簡便である。（二三頁）

少なくとも、漢文の学問的ないし科学的研究は、こうした語学的側面を除外しては成立しないはずなのである。（四三頁）

ここに表れているのは、漢文を読むことにおける「語学的側面」への注目である。佐藤は同書の中で例示として自身の現代語訳を示しているが、それは『新しい漢文』に掲載されているものとほぼ同じものである。

この視点から、『新しい漢文』を改めてみてみると、現代語訳の掲載以外にも、注釈が充実している点と同字異義の例が掲載されている点に特徴がみいだせる。具体的にみてみよう。
次にあげるのは『新しい漢文』における「蛇足」の注釈である。
祠者―神官、かんぬし。
舎人―家人、家の子郎党。
卮酒―「卮」は酒器、徳利一本の酒。
相請―相談して。
請―勧誘の意を表わす助詞。「さあ、さあ。」
画地為蛇―地べたにへびの絵をかく。
先成―さきにできあがる。
引酒―「引」は、ひきよせてとること。
且―この場合は、未来の助動詞。「将」に同じ。「マサニ……セントス」と訓ずる。下の打消の助動詞、「未」もまたこれに準じて、「イマダ……セズ」と訓ずる。

乃―意外にも。
之足―「其足」の義とする。この場合、「之」の字を、「コレガ」と訓ずる習慣に注意のこと。
安能―「どうしてできようか、できはしない。」反語の一形式である。
遂―そのまゝ。下の「終」は、「結局」、「とゞのつまり」。いずれも、「ツヒニ」と訓ずるが、その意味は異る。
亡―「忘失」の意。飲めるべき酒が飲めなかったのである。

先にみた『漢文』のものと比べてみても、詳細なものであることがわかる。特に「乃―意外にも」や「遂」と「終」との違いなど、細かなニュアンスに着目したものが見られることに特徴がある。他の教材にも、例えば次のような注釈がみられる。

・この「且」は、まあまあと、それを抑える気味をあらわした副詞である。（巻一、六九頁）

・「観」の字と「見」の字とを区別すれば、「観」は、しっかりと見ることであり、「見」は、ちらりと見ることである。（巻二、四四頁）
・「たちまち」と訓じならわしているが、こゝは、思いがけなく、突然にの意。（巻二、六一頁）
・この「且」は、「まあとにかく」と訳す。下の「且帰」の「且」も同じ。（巻三、二六頁）
・「突然に」、「ふいに」の意とし、「ニハカニ」とか「タチマチ」とか訓ずる。（巻三、六四頁）

これに呼応するのが、巻末における「同字異義の例」の掲載である。

ユエ 故　一、……だから 　　二、故意に、わざと 　　三、もとから	カツテ 嘗　一、以前に（曾と通用） 　　二、こゝろみに（嘗試）
ナホ 猶　一、やはり 　　二、……ごとし 尚　一、その上に 　　二、こいねがう 　　三、もし	

ここでは、同じ訓でも字によってニュアンスが異なることや、同じ字でも異なる意味を持つ漢字があることが、一〇九字を例として示されている。

このような『新しい漢文』の試みは、佐藤の述べる「語学的側面」を実現するものであった。現代語訳が掲載されたのは、言語抵抗の軽減のためではなく、「現代語訳のモデル」として、同字異義など一字一字を吟味した訳読を支援するためであったと考えられる。

それでは、このように「語学的側面」に注目した『新しい漢文』は、漢文学習の意義をどこにおいていたのであろうか。

結論から述べると、『新しい漢文』は、漢文テキストを「外国語」と「日本語」との折衷的なものとして捉え、「東洋文化」の理解を目的としている。『新しい漢文』は、「漢文を学ぼう」として、学習者に対し、漢文学習の意義を説明しているが、そこには次のようにある。

高等学校における漢文とは何か。言いかえれば、国語科の国文と外国語科の中国語とに対する漢文のあり方が、問題となるわけである。思うに、いわゆる漢文の本質的要素は、外国文としての原文と、国文としての翻訳文とである。すなわち、純粋に中国文としての原文と、わが国語に訓読された訳文とを、同時に併存するというのが、漢文の実体なのである。この意味で、かゝる漢文のあり方こそは、原文・訳文併存という外国文翻訳の一つの理想的あり方を、例証しているともいえよう。（二頁）

かく高等学校における漢文が、中国と日本との文化的統一を象徴しているとすれば、その学習目的は、いうまでもなく、単なる中国文化一般の理解でもなければ、また単なる日本古典文化の理解でもない。実に、それは中国と日本とを一体化した、共通基盤としての東洋文化を知るためでなければならない。すなわち、漢文の学習目的は、世界文化の理解への一環として、まず東洋文化の理解を、さしあたっての課題とせねばならない。（三頁）

『新しい漢文』もまた、『漢文』と同じく「日本古典文化」であることに目的を置かず、「東洋文化」ひいては「世界文化への理解」の一途として漢文学習を位置づけるものだったのである。その際、現代語訳は、「原文・訳文併存という外国文翻訳の一つの理想的あり方」に基づきつつ、一字一字を吟味した訳読を支持するものとして位置づけられていたのである。

C　三省堂『高等漢文』（昭和二九）

これまでみてきたように、漢文学習について、その目標に関する議論は多様化していた。一方、この多様化した目標観に一つずつ反駁していったのが昭和二九年度から使用された三省堂『高等漢文』[7]である。その指導書[8]には次のように言う。

（一）漢文はわが言語文化の背景となったもので、われわれの言語や文学の中には漢文的要素が多く溶けこんでいるから、わが国語や文学や、広く文化一般を正しく理解するために学習されなければならない。

（二）なお漢文の学習は、広く東洋文化の淵源を知り、東洋各地の相互関係を知り、われわれの隣邦への理解を深めるのに役立つ。

私たちは、「国語や文学や、広く文化一般を正しく理解するために」「われわれの隣邦への理解を深める」ために、そんなために漢文を学ぶのであろうか。（一）のための学習ならば、なにも漢文でやらなくとも、すぐれた解説文を国語教科書の中ででも読ませた方がよくはないか。（二）のための学習なら、社会科にすっかり任せてもいいではないか。しかも、今や日本の隣国は、吉川幸次郎博士が指摘するように、（「中国研究の方向」）、中国ばかりではなく、アメリカも隣国である。今や隣国ならざる国々とも親善することが世界の方向であり、この世界の方向に沿うことが日本の義務であることは、憲法や教育基本法の前文に照らしてもめいりょうではないか。(一)や(二)に漢文学習上の意義を求めようとし、しかもそれを生徒にとっては熟さない日本語、漢文の訓点づきをもって行おうとするところに「つまらなさ」があるのではないか。――また、たとえそれらの点に意義ありとしても、それは高等学校でなされる漢文学習の意義としては高きに失するものではないか。(二〇―二一頁)

指導書の冒頭に転載された吉川幸次郎「漢文教育の吟味」[9]および桑原武夫「漢文必修について」(原題は「漢文必修など」[10])は、漢文学習の必修化に反対するものであり、同教科書がこれらの批判を強く意識していたことを示している。

『高等漢文』は、多様化した目標観に反駁し、それらの意義が必ずしも「生徒にとっては熟さない日本語、漢文の訓点づきをもって行おうとする」ことを必要とするものではないのではないかと批判していく。

それでは、このように多くの目標観を批判した『高等漢文』自体は、どのような目標観を打ち立てようとしたのか。指導書は次のように述べる。

「……のために」よりも、もっと直裁に、「生徒自身、学習者自身のため」の目標は打ち建てられないのか。生徒自身のための目標が、生徒自身の意欲と連なって打ち建てられない以上、すべての学習は、その内容がいかに魅力的に見えても、結局はつまらないものに終ることは明白である。――私たち自身の内部から声がある――「もっと痛切に、おまえ自身のための学習はないのか。学習しないでいられない学習、おまえ自身を押しとゞめようとしても、押さえきれないで引きずりこまれてしまうような魅力が、漢文学習にもあるのではないか。」

中国の文化は、日本の過去の文化のモデルであった。だからその中でも、中国の文字文化の学習を必修教科として高等学校の生徒に課したいのだという。漢文学習は日本の過去とのみ連なり、将来には連ならないのか。いや、学習は日本国のためになされるのか。生徒自身のためになされるのか。（二一一―二一二頁）

結論的に述べれば、『高等漢文』は多様化した目標観とは異なる地点から目標を立てようとしたと言える。つまり、これまでの目標観を、外在的にもとめられていたものとして捉えた上で、これからの目標観は内在的に、すなわち、「生徒自身のための目標」でなければならないと主張したのである。

過去に行ってきたまゝの漢文学習では、もはや全く有害無益である。生徒たちにおもしろくて魅力のある漢文学習とは、生徒の欲する形、生徒の受け入れやすい形、生徒たちのための内容と形とで与えられなければならない。過去の漢学者や漢文愛好家が欲し、あるいは満足した形や理解のしかたを、そのまゝに押しつけてはならない。「理解」そのことすら、今や教授者の理解よりは、「生徒自身の理解」でなければならない。そのためには、たとえ過去のおとなたち、あるいは教授者先生がたをさえ多少戸まどいさせる形となったとしても、良識ある先生がたは、生徒たちのために、その戸まどいや多少の「新奇」をも、りっぱに踏み越えていたゞけるであろう。私達は、生徒のための教科書を編もう。（二二一―二二三頁）

『高等漢文』は、従来の漢文教育観における学習者の不在を指摘している。これは、漢文学習に関する目標観のパラダイムを転換させようという試みであったととらえることができる。

それでは、さらにこの『高等漢文』がどのような教科書だったのかを具体的にみてみよう。『高等漢文』の目次を一見して気づくことは、各単元の冒頭にいわゆる「漢文」ではない教材が配置されていることである。「一　漢詩」には佐藤春夫「漢詩をどう読むか」が、「二　漢文と日本の古典」には波賀矢一「漢文学に影響された日本の文学」が採録されるなど、現代語教材が漢文の教科書の中に豊富に採録されているのである。

また、その中には、学習者の意識をゆさぶることを目的として、教科書内にあえて矛盾を仕組むものをみることができる。たとえば、吉川幸次郎「中国語と日本語」は、「「漢語」なるものは、わが国で独立に作られたものが、意想外に多いのである」と述べ、漢語と中国語の意味は厳密にはまれにしか合致しないとし、同文同種の幻想を批判する教材になっている。

まず「訓読法」は「我愛他」という中国語を、「ウオアイタ」と読まずに、のっけから「我他を愛す」と国語に訳して読んでしまう方法である。これは中国語が外国語だという意識を希薄にするためには、きわめて有効であった。

また「訓読法」の翻訳は、「我他を愛す」式の極端な直訳であり、中国語のあいまい性をそのまゝに国語に移す方法であった。が、「我他を愛す」だけでは、「我愛他」の心理は、決して把握されていない。のみならず、さらに悪いことには、こう訳すだけで、「我愛他」が完全に把握されたような錯覚を人に与えるのである。そうして、中国語はたゞ「我他を愛す」的に把握すれば事足る、といったような認識を生むにいたったのである。

（一四〇頁）

この記述は、ある仕掛けを持つ記述である。この仕掛けのねらいについて、指導書は次のように述べている。

同文だから漢語はわかりよいとか、漢文訓読法は便利だ、われわれの祖先のすばらしい文化的発明だ、とかいうことでこれまでは来た。その考え方をこゝでがらりと変えてしまうのである。ちょっと混乱が起るかも知れない。しかしこの混乱は必要なものである。この文を読んだあとと前とでは、漢文に対する見方が違うであろう。そしてその前よりずっと深く正確に漢語・漢文というものがつかめるようになるであろう。（中略）生徒の中にはいろいろの疑問を起して指導者にくってかゝってくるものもあるかと思うが、そんな時は、めんどうがらずに懇切に相手になってやってやっていたゞきたい。（一〇五―一〇六頁）

これ以前での教材では、訓読の利点や漢語のわかりやすさとして述べてきた「同文」という性質を、あえてひっくり返すための教材として、教材「中国語と日本語」は仕掛けられている。この点については、教材の後ろについている【研究】の欄にも次のように取り上げられている。

「われわれが日常用いている国語には漢語が非常に多い。ゆえに、国語をよく理解するために漢文を学習することが必要だ。」という論があるが、きみたちはこれをどう考えるか。（一四二頁）

この仕掛けでは、漢文を学習する意義として喧伝される「国語をよく理解するために漢文を学習する」という目標観自体を、学習者に考え直させ、深めさせようとしているのである。この目標観は明らかに二六年の学習指導要領のものである。つまり、『高等漢文』は、当時の学習指導要領に対して、批判的に検討することをも学習活動として設定していたのである。

このように、従来の教科書が、文化的・道徳的な価値を教材内に含むものとしてデザインされていたとすれば、

『高等漢文』は、教材外に「現代的な意識」を持つ学習者の存在を置き、教材にアクセスしていくその過程のうちに学習する価値を置いた教科書であったと言えるだろう。

この時、教科書自体は、「人生の美泉が流れてい」たり、「東洋のよさ」が秘められていたりするような価値ある教材群という形ではなく、教材にアクセスしていくその過程を現代語の教材などによってサポートするための教材群という形でデザインされなおされることになった。

しかし、このような教科書は『高等漢文』以後、継続してみられたとは言い難い。『高等漢文』は、漢文教育の可能性のひとつが昭和二九年という時点で現実化したものであったが、それは現在の漢文教育には継承されていないのである。

四　現在の漢文教育の姿にはどのように近づいていったのか（昭和三十年代）

最後に、このように昭和二十年代後期に多様化していた漢文教育の営みが、どのように現在の漢文教育の姿に収束していったかをみてみよう。

まず、昭和三十年代、特に昭和三五年以降の漢文教育の姿について、昭和五六年の時点における認識をみてみたい。大木春基は、ここまでみてきた昭和二十年代前期を「混沌期」、二十年代後期を「指導法模索期」と呼び、そして、昭和三十年代以降を「復帰期」と呼んでいる。

復帰とは本来のところに戻ることである。それは前進を意味する場合もあろうが、時には後退を意味し逆行を意味する場合さえある。（中略）

このようにして古典教育の上げ潮とともに、漢文もまたその地位が保証され、本格的な体を成す日を迎えることとなった。しかしながらさきに掲げたA社本の入門編に照らしてその間の変移をみても、単元学習色は極度に褪せ、冒頭から「漢文の構造とその読み方」の見出しのもとに、「漢文の基本的構造」と「訓読の特殊文字」とを掲げ説き、さらには再読文字、終尾詞など、訓読の礎地としての形式的入門で埋められている。本編としての各単元も、「経子」・「史伝」・「詩文」の各類の中から、たとえば「近体詩」・「古体詩」・「小説」・「史話」・「先哲のことば」等のように、作品そのもの、ジャンルそのものの形で構成されている。学習内容の精選であり、教材単元の構成であるとするならばそれもさるものの、率直なところ、多分に旧来の漢文に舞い戻った感を否定しえない。(11)（一二二頁）

大木は、昭和三十年代に起こったことを「旧来の漢文」への「後退」と捉えている。この指摘通り、一度は多様化した漢文教育の営みは、昭和三十年代において次第に収束し、典型化していく。ここでは、その典型化の姿を特に教科書の変化としてみてみたい。

まず、昭和三十年代に起こった教科書の大きな変化は、単元構成にみることができる。昭和二十年代において、現代文・古文・漢文を取り扱う科目である「国語（甲）」では、漢文教材は、漢文として独立した教材単元だけではなく、現代文や古文と関連させた主題単元においても取り扱われていた。例えば、次頁のような単元である。単元「手紙」では、漢文教材が「手紙」という主題によって、現代文や古文の教材と関連する形で取り扱われている。このような単元は、昭和二十年代後期から昭和三二年までは多くみられる。しかし、昭和三三年以降には急速に減少し、漢文だけを独立させた単元が多くの教科書で用いられるようになっていった。

同時に、科目「漢文」においてみられたのは、「句形」の取り扱いの増加であった。教科書における句形の取り

秀英出版『言語と文学 二上』単元「手紙」、昭和二八年から使用されたもの

四 手紙
［一］手紙の書き方…加藤武雄・相田隆太郎
［二］手紙の今昔
　一 岡本かの子の手紙（近代）
　二 石川啄木の手紙（近代）
　三 荷田蒼生子の手紙（江戸）
　四 明衡往来《めいごうおうらい》より（平安・日本漢文）（三）与微之書…白楽天

「与微子書」―「研究」
一 この手紙は、［一］手紙の書き方に示してある五種の手紙文のうち、どれに入るべきであるか。
二 この手紙文は、大きく三段に分けて考えることができる。その切れ目を指摘し、それぞれの段落の要旨をまとめよう。
三 情味のあふれた、白楽天の人がらのよく現れた語句について話し合おう。
四 語句のくり返し、および対句を抜き出して、それぞれの効果について考えてみよう。
五 わが国の手紙文と比較して、この手紙文の形式を考えてみよう。
六 この文章の内容を、現代の平易な手紙文に書き改めよう。
七 文中の二首の詩について、句末の文字、「幢・江・坐・窓」、「夜・天・處・前・死・年」の韻について考えてみよう。

扱いは、（1）入門単元、（2）各単元の注や解説、（3）巻末の一覧表、という三箇所においてみられるが、いずれも昭和三三年にはほぼ定着している。特に、（3）巻末の一覧表については、昭和二十年代に二例しか見られなかったことを考えると、昭和三十年代以降の「漢文」教科書において、句形の習得が重要視されるようになっていったことは明らかである。

これらの変化は、大木が指摘していたように、訓読の訓練の過程として漢文学習をとらえる学習観への変化（あるいは復帰）を表していると言えるだろう。実際、多様化していた昭和二〇年代後期においては、句形を取り立てて取り扱うことについて、教科書編修上でも議論のあるところだったようである。ひとつの座談会の様子をみてみよう。

座談会の対象になっている教科書は、改訂前は、先にみた（1）（2）（3）のいずれも掲載していない教科書であった。それが、改訂によって（2）について、［注意］として句形を取り出す形に変わっている（ただし、解説などを付したわけではない）。

これは、入門単元において句形を取り扱うようにしてほしいという実践者からの要望を部分的に受けた改訂だとされている。このことについて、座談会では次のように議論されている。

小林（中略）私は、句形を問題にするという事は、前から言っているように、賛成じゃない、というより、大して意義がないと思う。

今、尾関君が言うてるのも、私が問題にしているほどのものではないが、早い話、実際的に感嘆文とか、あるいは疑問文とかいった句形を扱ってみたところで、意味はないと思う。句形をたてまえにして、組織とか体系の線で行こうとするのは私も賛成しない。むしろそうでなしに、私流の理解からすると、あそこに出ているのは、本文を適確に把握し、理解するという、又は本文を口語訳してみる時に、一番問題になる形――見る人によっては句形というかもしれないが――それを正しく理解し、把握するための補助として、特に注意させようとしたと思っている。

尾関　しかし一面からいうと、あそこに出したものは、実際問題として生徒が困る形なんです。むずかしいんですね。そういうものを何処かで指導しておきたいという教授者の立場は、肯定してよい。

小林　それを直ちに、句形の練習をする事だとするその理解は、少し早計だと思う。

尾関　いや、ふつうはすぐに、それが句型《(ママ)》ということに結びつく。[12]（一四頁）

この議論で両者がすれ違っているのは、次の点に原因がある。尾関は、「生徒が困る形」であるから「指導して」習得させたいとして、句形を身につけなければならない「知識」として捉えている。これに対し、小林は「正しく理解し、把握するため」に教科書が提供する「補助」として句形を捉えている。故に、小林は「練習」という点に疑問を持っているのである。小林にとって、句形とは「補助」として与えるものであり、「知識」として「練習」させ、習得させるものではなかった。

このように、当時にあっては、同じ教科書の編修者の間でも意見が割れていた。同じく編修者であった牛島徳次は、「私が懸念するのは、あれがつけられたことによって、白文をよむときの力をつけるというか、そういう方向に扱われてしまうのではないかという懸念である」（一五頁）と述べ、まさにその後の漢文教育が辿った道筋をすでに懸念していた。結果的に、昭和三十年代において、句形の取り扱いは漢文教科書に広がっていき、現在の漢文教科書の姿に近づいていくことになる。

ここまでが昭和三十年代前半に起こったことであったが、さらに、昭和三五年に行われた学習指導要領の改訂によって、「現代国語」と「古典に関する科目」とに高等学校の国語科は分かれることになった。[13] このことは、現代文と古文や漢文との関わりを失わせ、また、「古典に関する科目」においても、古文と漢文を別々の領域として、関連性を持たせずに取り扱う形式を定着させることになった。（「古典乙Ⅰ」の教科書はすべて古文と漢文を分冊にしている)。
この中で失われた種類の教材もある。それは、漢文についての鑑賞や解説を現代語で記した現代語教材である。このことは平成三年に渡辺仁作が次のように述懐している。

明治以前を「古典」、明治以後を「現代国語」(すぐこの前まで「現国」という名称を耳にされた人が多いはず)というように、便宜的な安易な方法で、文学の長い歴史を切断したのは大きな弊害をもたらした。すぐれた解説文や古典の鑑賞文は、生徒たちに古典への関心を誘い、読み味わう心を育てるうえにきわめて効果的なものであるが、「現代国語」で書かれているという理由から「古典」の教材から外され、また内容が古典に関するものであるという理由から「現国」の教科書から姿を消すといった工合に、両者から日の目を見ない扱いにされてしまった。[14](五二頁)

昭和三十年代は、戦後の漢文教育において大きなターニングポイントであった。現在の漢文教育の姿は、このときの選択の未来にある姿なのである。

五　おわりに

以上、昭和二十年代と昭和三十年代を中心に、戦後の漢文教育の形が作られていく過程を概観した。冒頭においても述べた通り、特に昭和二十年代に行われた議論や、実際にそこで編修された教科書は、私たちの持つ「こうでしかありえない漢文教育の姿」に対して、大きなゆさぶりをかけてくる。昭和二六年に改訂された学習指導要領が示していた理念や、三省堂の『漢文』『新しい漢文』『高等漢文』が訴えようとしていた漢文教育の意義やあり方は、「ありえたかもしれない漢文教育の姿」を想像させ、ここから「ありえるかもしれない漢文教育の姿」へと思考を進ませてくれる。

たとえば、三省堂『漢文』（昭和二六）が示した「訓読の改良」についてはどうだろうか。現在の教科書においては、その教科書ごとに訓読の揺れが多少見られるが、『漢文』が示したほどの抜本的な試みはみられない。しかし、訓読を改良する試み自体は、現在においても、古川末喜による『杜甫の詩と生活―現代訓読文で読む―』（知泉書館、二〇一四）のように、個別の実践としてみることができる。古川は次のように述べている。

わたしは以前より、訓読の原理を若干みなおし、あらたに現代語で訓読をおこなうことによって、訓読した時点でほぼ漢詩が理解できるようにならないか、と考えていた。そのやり方を、かりに「現代訓読文」と呼ぶことにして、数年前より勤務校の授業で試みはじめた。（Ⅴ頁）

古川はこのように試みの趣旨を示した上で、「私の現代訓読文は、本書で示したとおりであるが、もっとさまざまな、その人なりの個性的な文体での現代訓読文があっていい。最終目的は、世界の古典文学の最高峰の一つである唐詩を読み、唐詩の面白さを享受することである。その目的に達するためには、そこへ通じる道はいくつもあったほうがいい」（Ⅹ頁）と述べている。これらからヒントを得てみれば、たとえば、授業の中で「現代訓読文」を作る、という言語活動を組むことも考えられるだろう。その言語活動は、漢文の文章構造についての理解を深めるとともに、そもそも「漢文を訓読する」とはどういう営みなのか、ということを考えうる活動になるとも思われる。

漢文教育史には、多様な漢文学習の可能性が埋まっている。それらの可能性が現在において実現していないのは必ずしも必然であるとは言いにくく、当時の時代状況や教育観の影響を大きく受けた結果であることも多い。現在の漢文教育の姿を「必然視」し、「ありえるかもしれない漢文教育の姿」から目をそむけることからまぬかれるためにも、それぞれの漢文教育史をメンテナンスすることが重要である。

注

（1）保苅実『ラディカル・オーラル・ヒストリー オーストラリア先住民アボリジニの歴史実践』御茶の水書房、二〇〇四
（2）『漢文巻三学習指導』学友社、一九四八
（3）長澤規矩也『国語学習中の漢文学習指導』学友社、一九五〇（『長澤規矩也著作集 第八巻 地誌研究・漢文教育』汲古書院、一九八四）
（4）『漢文一』『漢文二』『漢文三』三省堂、一九五一。編集者は竹田復・金田一京助・波多野太郎・西順蔵・新垣淑明。
（5）波多野太郎（一九五二）「漢文批判」（『横浜大学論叢』四-三、四）
（6）『漢文三 教授用参考書』三省堂、一九五一
（7）『高等漢文一』『高等漢文二』『高等漢文三』三省堂、一九五四。編集は三省堂編修所、編集委員は高橋一夫、高木四郎、青木久美子。
（8）『高等漢文教授参考資料 第一学年用』三省堂、一九五四
（9）原典は、吉川幸次郎「漢文教育の吟味」朝日新聞、一九五二年三月六・七日（『吉川幸次郎全集 第17巻』筑摩書房、一九六九）
（10）原典は、桑原武夫「漢文必修などと」（『世界』七八、岩波書店、一九五二）
（11）大木春基（一九八一）「古典教材読解の指導方法（漢文）」（『講座 国語科教育の探求3 理解・指導の整理と展望』明治図書）
（12）中西清他（一九五三）「教科書改訂をめぐる座談会」（『漢文教室』七、大修館書店）
（13）その経緯については、幸田国広『高等学校国語科の教科構造 戦後半世紀の展開』（溪水社、二〇一一）に詳しい。
（14）渡辺仁作（一九九一）「漢文の改革 ―漢文教育はこれでいいか―」（『解釈』三七-七、解釈学会）

Ⅲ　国語科教育としての漢文教育実践

第二章　思想教材を用いた実践

植田　隆

一　学習の目標

中学校や高等学校の漢文の教材には、『論語』や『孟子』などの儒家思想や、『荘子』などの道家思想がしばしば取り上げられている。また、「思想」という枠組み以外でも、「故事成語」や「寓話」として、『韓非子』などの他の諸子百家の文章が取り上げられることも多い。『高等学校学習指導要領』には、「古典を読んで、人間、社会、自然などに対する思想や感情を的確にとらえ、ものの見方、感じ方、考え方を豊かにすること」（古典B内容ウ）とあり、思想教材を学ぶことのねらいを読み取ることができる。

西原利典（二〇〇二）は、多くの中学校教科書で『論語』が取り上げられていることのねらいを次のように述べる。

子どもの成長・発達段階に応じて教材配当がなされているとするならば、中学三年という学齢をどう捉えるかということになる。子どもから大人へ変わる端境期にある中学三年間。その中でも中学三年という時期は、自己の存在や生き方などにも目を向け始めるようになるので、夢や希望を抱く反面悩みも多く精神的に非常に不安定な時期であると言える。また自分を取り巻く世界が広がり、自己というものを集団あるいは社会の中の個といて（ママ）捉えるようになり、集団の中で自分はどう行動すべきか、社会の中で何が大切なのかなど判断基準や価値観が芽生える時期でもあるとも考える。

とするならば、中一の「故事成語」で始まった漢文学習が、中学二年で自分たちの生き方やものの見方を考えさせる内容を含んだ思想教材に移行するのは理にかなっていると言えよう。[1]（一七頁）

『論語』に限らず、中国の思想においては現代に通じる問題を扱ったものも多い。教材を読み、そこに採り上げられている問題を考えていくことは、学習者たちがこれから生きていく社会において直面するさまざまな問題を考えるために必要になることであると考えられる。もちろん、これらの教材で扱われた問題が、必ずしも社会でそのまま起こっているわけではないし、その考え方も学習者たちにとっては違和感を覚えるものも多いだろう。しかし、思想教材の学習を通して、さまざまな問題を考えていくための視点を獲得させることで、一面的なものの見方では解決することのできない複雑な現代社会の問題に対しても、さまざまな立場が存在しうることを知り、多角的な視点から考えることの必要性に気づかせ、学習者の思考の幅を広げさせることにつながる。

また、子安宣邦（二〇一〇）は、『論語』に現れる孔子の学問と、それを読むことの意味を次のように捉える。

孔子は不運ともいえる人生の過程に弟子たちとともにいた。学ぶ人である孔子の周辺には学習者の集団が存在した。すなわち孔子の学園が成立していた。その学園とは学校施設をいうのではない。学ぶ師弟の集団をいうのである。「博く学び、篤く志し、切に問い、近く思う」（子張篇・六）と子夏はこの孔子の学問をいっている。現実の政治世界との関わりのなかでこのような学問が成立したことを考えねばならない。むしろ学への切実な問いは、だからこそ生まれたのであろう。「道」とは何か、「徳」とは何か、「信」とは何か、「君子」はいかなる存在かが、現実との関わりのなかで切実に問われたのである。ここで初めて「学び」そして「問う」ことが自覚的に始められたのである。これは人類史上、最初に成立した学園というべきものである。

そのことは、孔子とは最初に「学ぶ」ことを自覚的に始めた人物であり、「学ぶとは何か」を最初に問うた人物であることを意味する。私たちが『論語』を読むというのは、この孔子によってなされた最初の問い、「学ぶとは何か」「道とは何か」「信とは何か」などなどの問いを読み直すことである。これらの問いを己れ自身に突きつけながら読み直すことである。最初の問いとは、この事柄についての本質的な問いなのである。(2)（二一三頁）

子安は孔子の学問が「現実の政治世界との関わりのなかで」発せられた「切実な問い」であると述べる。そして、このような「切実な問い」を「己れ自身に突きつけながら読み直すこと」が「『論語』を読む」という行為であると述べている。「己れ自身に突きつけ」るとは、孔子が、現実との関わりのなかで発した切実な問いを、現代の我々の問題として受け止め、孔子とともに、その問いについて考えることである。『論語』に限らず、諸子の思想を読むにあたっては、当時の思想がどのようなものであったのかを理解するだけで終わるのではなく、なぜそのような問いが発せられたのか、またその問いに彼らはどのように応え、今の自分たちはどのように応えるのかというように、彼らの問いを現代の我々も共有し、共に考えることによって、古人との「対話」を行うことを目標の一つとして考えたい。

さらに、安藤信廣（二〇〇五ａ）は、『孟子』『荀子』『韓非子』など先秦諸子の思想を教材として扱うことについて、先述の西原（二〇〇二）が述べるような意義を「不変の意義」であるとしつつ、次のように述べている。

だが今、この現在の時点において先秦諸子を取りあげる意義を考えるならば、その論争性あるいは対話性に注目する必要があるだろう。端的に結論を述べるなら、先秦諸子の文章を漢文の教室で取りあげる現在的意義は、それが論争的性格、あるいは対話的性格を強く持っているからである。『孟子』『荀子』等の学習は、その思想内容の独自性や比喩・寓言の巧みさを理解することとあわせて、それ以上に、対話や論争を欠落させがちな現在の言語状況を見なおす機会となり得る。そのことに、今、諸子を取りあげる意味があるだろう。[3]（二九三―二九四頁）

このように、安藤は思想教材における対話性・論争性は、「現在の言語状況を見直す機会となり得る」ものであると主張する。別の箇所では『孟子』の「性善説」をめぐる「孟子・告子論争」を踏まえ、「論争」を「互いの論点に学びながらそれぞれが自己形成してゆく、広い意味での相互啓発の場」として捉えており、これらの教材を学ぶことが相互的なコミュニケーションのモデルを提供することになると示唆している。また、これらの相互的コミュニケーションは、自分の考えを相手に伝えようとするための技法（比喩・寓言）を活用することによってより有効に働くものである。相手をいかに説得しようとするか、その説得・意見を聞き、その反論としての自分の意見をどのように構築するか、といった相互啓発の場としての論争が、思想を語る文章には多く見られる。

以上から考えると、漢文の思想教材を学ぶ目標は、次の四点にまとめることができるだろう。

① 日本の思想・社会・文化の背景となった思想を理解し、現在の社会とどのように関わるのかを考えること。

② 古人が抱える問題を自らの問題として共有し、古人とともにそれらの問題を考えること。

③ 現代の言語状況を見直し、相互的なコミュニケーションのあり方を理解すること。

④　比喩や寓言などの優れた表現から、自分の考えを相手に伝える方法を考えること。

二　実践事例

1　取り上げる実践について

思想教材については、『論語』を中心に数多くの実践が報告されている。本章では、そのうちから、高等学校で『論語』『孟子』『荀子』を扱い、古典との「対話」を試みる単元を実施した小路口真理美の二実践、高専生を対象にディベートに『論語』と『老子』を用いた太田亨、そして、「五十歩百歩」における孟子のたとえ話の巧みさに注目し、単なる故事成語の学習から一歩踏み込んだ学習をめざした阿部正和の三者の実践を取り上げる。

2　個別の実践について

（1）小路口真理美「「親しむ」読みから「考える」読みへ――漢文教育の可能性を開く試み――」

①　実践について

小路口真理美（二〇〇六）は、『学習指導要領』などに見られる古典に「親しむ」という表現に対し、「親しむ」という読み方だけでは、「一方的な受容で終わってしまう危険性」が高いと指摘し、「親しむ」読みから「考える」読みへの転換を考察、実践した。その中で、竹村信治の論考を踏まえ、「対話」を「語り手を他者として意識し、その語り（テクスト）に理解・共感・批判を持つことで自己が立ち上がり、語り始めるための仕掛け」と定義し、「古典をあくまで古典として「親しむ」読み（鑑賞読み・教訓読み）を越え、「読む」ことを通して、古典からの呼びかけを、当事者意識をもって受け止め、そのことを通して、社会へ開かれた存在として、自己を再構築していくことを目指す「読み」の実践」を試み、次の二つの実践を行った。

②　単元の概要と実際

【実践Ⅰ】「学」とは何か（高校一年）

■単元のねらい

小路口の勤務校であった広島県立呉三津田高校では、「総合的な学習の時間」を〝La Gaya Scienza a Mitsuta（三津田ヶ丘の悦ばしき知）〟と命名し、「学ぶことの悦ばしさ」や「自己の興味関心を大切にした軽やかな知」を重視している。そこで、「学ぶこと」を動機・方法・到達（問題解決）の三点から吟味し直すことで「何故、学ぶのか？」という疑問に答えを出させることを目指した。そこで、「生徒にとってあまりにも当事者性の高い」「学び」という課題を分析するために、自分たちの立場から考えるだけではなく、生徒たちにとって「他者」として位置づけられる漢文を用いている。それによって、「他者との対話」という形の中で「学び」という「テーマの本質を浮かび上がらせる」ことが可能になると考えたのである。さらに、その漢文の中でも、「学」を重んじた儒家の文章を用いることで、「学」の分析・定義づけを試みている。

■単元目標

1．様々な文章を読んで、ものの見方、感じ方、考え方を広げたり深めたりすること。（学習指導要領　国語　国語総合　２　Ｃ　エ）

2．自分たちに最も身近で切実な「学ぶ」という行為を、今一度見直すために、「学」という営みを非常に重んじた儒家の学問観を明らかにする。

■単元の展開

①『論語』・『孟子』・『荀子』の「学」を動機・到達・方法の3観点から分析比較し、さらに現代の「学」とも比較検討し、その過程で、『孟子』・『荀子』の「学」の背景にある人間観（「性善」「性悪」）に気づく。（4時間）

②『孟子』の立場から、『荀子』の「性悪説」を批判する。

③「性善説」の実践的意義を考察し、『孟子』における「学」＝よく生きる＝人が人であるための基本的な営みであることを理解し、自らの「学ぶ」行為を見つめ直す。（1時間）

④「私にとっての学ぶことの意義」という六〇〇～八〇〇字程度の文章を書く。（週末課題）

■教材

・教科書　東京書籍『国語総合』古典編

・プリント『論語』（「学」に関わる章句）・『孟子』告子上篇より・『荀子』勧学篇・性悪篇より

■単元の実際（生徒の反応）

小路口は生徒の反応として単元の展開④で書かせた文章を二編提示している。それらは荀子の性悪説を「全体主義」や「絶対王政」につながる思想であるとし、人間が「個人」としてではなく「物」として捉えられているという意見であった。この二編をあげた理由として小路口は「ここに掲げたのは、代表的な意見であるというより、生徒からの意見は、ほぼすべてが同様の内容であった」と述べている。そして、「まず、ほとんどの生徒が、孟子の主張を是認し、極端なまでに、荀子の「性悪説」を批判している。しかも、単元の展開②の孟子の立場から、荀子の「性悪説」を批判するという提案をなぞり書きしたような作品が多かった」と言う。その理由として、「孟子の「学」と、生徒たちのイメージする「学び」が、あまりに乖離しているため、対話にならず、授業者の説明を知識として受容しただけであったのだろう」と振り返っている。それが、「批判のポイントがわかりやすい「性悪説」

の批判にとどまり、「思索の深まり」に達しなかった要因であると考察している。

一方で、「学とは何か」という不可避のテーマのもとで、同じ課題を扱う異なるテキスト同士の議論に出会わせることにより、「学習者一人一人を知的発見、認識的な更新に導くことまではできた」と自己評価している。

【実践Ⅱ】不忍人の心―おもいやりの心の発現について―（高校二年）

■単元のねらい

小路口は【実践Ⅰ】での学習から、古典からの呼びかけを当事者意識をもって受け止め、自己の再構築をめざすという同じ理論のもとでの古典の学習や「総合的な学習の時間」を通して、生徒たちが「自分たちが生きている現代社会を照射」して問題点を共有するようになったと言う。その代表的なものとして、次の2点が挙げられている。

ア　利潤追求に成功した勝者だけが賞賛される、思いやりを失った社会になりつつある。

イ　葛藤・苦痛を回避するために他律的に生きる。（無痛文明）

ここから、生徒たちの状況について「社会批判を行いながら、実は自分達の「無痛化」（森岡正博）を求める姿勢こそが、アに指摘する「思いやりのない社会」を維持させてしまう要因となっている事に気づいていない」として、孟子の文章を通してこれを考えさせることをねらった。

孟子の「不忍人の心」の章については、「人間の道徳心というものは、他者と具体的な関わりを持つ現場においてしか、発動しようがないものであり、それゆえにこそ、まさに、仁の心を養い、また、仁を実現するためには、この他者との出会いの瞬間は、かけがえのないものである、と読み取れる」と述べ、「これら、一連の教材（テキスト）を読むことで、生徒達は、「自分は被害者だ」と思っていたことに対し、むしろ、「無関心」を装うことによって、ある意味、その事件に荷担しているという、加害者の立場にいたことを否応なく気付かされる」とねらいを説明するとともに、「君子は庖厨を遠ざく」の話を森岡正博の「無痛文明論」と重ね合わせることによって、「不忍人の心」を「我々が、他者と共生していくための、もう一つの選択肢として、「見る」こと、「向き合う」ことの重要性を説いたテキストとして、この章を読むことの意義を、生徒に示唆し、考えさせた」と述べている。

■単元目標

1. 古典としての漢文を読む能力を養うとともにものの見方、考え方を広くし、古典に親しむ。（高等学校学習指導要領国語第5古典目標による）

2. これまでの学習を通じて培った問題意識に照らして、漢文を読解することによって、自らの考えを再構築して表現し、発表する。

■単元の展開

① この単元に至るまでの学習から気づいた現代社会の問題点をまとめる。
　ア　利潤追求に成功した勝者だけが賞賛される、思いやりを失った社会になりつつある。
　イ　葛藤・苦痛を回避するために他律的に生きる。（無痛文明）

② ①ア・イに関して『孟子』の諸説から照射してみる。（①・②で4時間）

③ 「仁」の心の涵養は如何にあるべきかについて、「以羊易牛」章をもとに考察する。

④ 現在、世界各地の貧困に立ち向かう人々や、物質的な豊かさの中で失ったものの回復に対し、提言を行っている人々の文章を読み、「仁」の拡充の可能性を探り、自らの生き方を振り返って文章を書く。（週末課題）

⑤ ④の文章を互いに読み合って批評する。（高等学校学習指導要領国語第5古典　3内容の取り扱い（4）ウによ

る）

■教材

・教科書　東京書籍『古典Ｂ』漢文編『孟子』公孫丑上篇「不忍人之政」章

・プリント　『孟子』梁恵王上篇より「何必曰利」章・「以羊易牛」章

『孟子』公孫丑上篇より「不忍人之心」章

・参考文献　小林和之『「おろかもの」の正義論』（筑摩新書　二〇〇四）

■単元の実際（生徒の反応）

小路口は、単元の展開④で参考文献として紹介した、小林和之『「おろかもの」の正義論』を読んだ上で生徒が書いた文章を挙げ、「生徒なりに「正しさ」を相対化の地平で考えていくことの困難さを体験し、そこにおいて、性善説の価値を見いだせている。つまり、人は生まれながらにして「善良なる（仁である）存在」という自己肯定感の必要性は描かれている」と評価している。一方で、そこから先の深まりまでの理解は及んでいないとして、「そこに至るには、やはり、体験知が不可欠であろう」と述べている。それでも、単純な二項対立的な思考によって解決しようとするのではなく、弁証法的な手法の必要性に気づいた生徒がいることを評価している。

③　本単元についての考察

小路口は、二つの単元を振り返り、次のように述べている。

すなわち、本稿で紹介した二つの単元は、生徒が「他人事ではない」という当事者性を、動機として意識できるテーマを設定し、他者（古典テクスト）と対話する方法を探索すること、これは、生徒が、その場において、また、その体験を通じて、思索を深め、自己主張の形成を図るのに有効であることを証明している。
従来、「親しむ」こと、受容することにのみ重きがおかれがちだった漢文を、「対話」の場に引き出し、また、現代を考える核として位置づけたいと考えたのは、そもそも、漢文が、コード（言語＝分野）の異なりゆえに、現代の問題を、一旦、対象化するために有効であると考えるからだ。さらに、その普遍性ゆえに、現代文明の、もう一つの選択肢として、その可能性は、ある意味、無限であると考えるからだ。（一六〇―一六一頁）

【単元Ⅰ】は、生徒にとって身近な「学」をテーマとして設定している。儒学という「学び」を重んじる学派の中で、孔子・孟子・荀子の三者の説を取り上げ、それぞれの説を分析、検討し、孟子の「性善説」の思想から、「学ぶ」ことを「よく生きること」であり、「人が人であるための基本的な営みであること」という自己存在の肯定へと導いている。

【単元Ⅱ】では、森岡正博の「無痛文明論」を手がかりに、孟子の「不忍人の心」という説を読み解き、社会の中で「思いやりの心」がいかに発現されるべきかを考えている。これも、複数のテキストを読みながら、孟子の論を多角的に検討しようとする姿勢が見られる。

いずれの単元も、生徒たちが「当事者意識」を持つことができるテーマのもとで単元が設定され、漢文という生徒にとって距離を感じさせる「他者性」を持つテキストを、逆に我々の現在的な考え方・ものの見方とは異なる意見として扱うことでそのテーマについてより深く考えさせようとする試みである。「学」や「仁」という現代の社会においても問題となる事柄について、儒家の思想を踏まえて学習者自身の問題として考えさせようという取り組みは、子安（二〇一〇）の言う「己れ自身に突きつけながら読み直すこと」に当たるだろう。

平成二一年に改訂された学習指導要領では、「古典に親しむ」という語は「古典A」の目標として記されている。

一方、「古典B」では、古典を「読む能力を養」い、「古典についての理解や関心を深める」という目標が示されている。このことについて、『学習指導要領解説』では、次のように述べられている。

なお、従前の「古典」では「古典に親しむことによって」としていたものを、今回の改訂で、小学校、中学校及び「国語総合」と一貫して伝統的な言語文化について指導し、古典を学ぶ意義を認識させ、古典に親しむ態度を育成してきていることを受け、「古典についての理解や関心を深めることによって」としている。

古典は、先人が何を感じ何を考えたのか、いかに生きたのかということを教えてくれる。古典の学習を通して古典の豊かな世界に触れ、ものの見方、感じ方、考え方を広げ深めるとともに、古典の学習に主体的に取り組むことによって、一層古典に親しむ態度、我が国の伝統と文化を尊重する態度を身につけることができる。

（七三頁）

文言は多少変わってはいるが、やはりめざすところは「古典に親しむ態度」でもある。しかしこの二つの実践は、古典に「親しむ」という「一方的な受容」から、生徒たちに身近なテーマを設定することで、古典を通して「考える」読みをめざすために、思想教材が一つの有効な手段として用いられることを示す実践であると言える。

(2) 太田亨「ディベートを活用した漢文授業――『論語』と『老子』を教材に用いた場合――」

① 実践について

太田亨（二〇〇六）は、国語科教育においてコミュニケーション能力に重点が置かれているなかで、その育成のために古典作品が用いられていない現状を指摘し、「コミュニケーション能力の重要性と、古典授業の重要性との相克から、漢文教材を用いたコミュニケーションスキル授業を模索」するようになった。これまでにも漢文を用いたプレゼンテーションを実施してきたが、(5)プレゼンテーションでは、発表者が一方的に話すだけで、「両者がの主義や主張を展開し合うことがなかった」ため、「相手を論理的に説得し、自分の考えを正当化することを目的とする」ものとして、ディベートを漢文に取り入れている。一般の高等学校ではなく、高等専門学校での実践であるが、コミュニケーション能力の育成と漢文学習との接続を考えるためのものとして、『論語』と『老子』を教材とした実践を取り上げる。

② 実践の概要と実際

■単元のねらい

孔子の言葉が収められた『論語』は、「技術や文化が発展することを認める」反面で、そのために生ずるさまざまな問題を「道徳を修めることによって解決し得る」とし、さらには「それによって知識を活かし、欲も制御できる」という考えに基づいており、その智恵は現代においても求められるものであると述べる。一方、『老子』では、『論語』とは対照的に、「人間が手を加えること（技術や文化）をことごとく排除した世の中にあって、無用な知識や、欲を極力抑え、多くを望まない生活で満足することを提唱」し、「とかく目に見える物に対してしか価値の判断ができない生徒にとっては、格好の教材」であると述べている。

これらの教材をディベートの題材とすることで、それぞれの内容を理解した上で、「肯定・否定双方の立場で客観的に事象をとらえる力、論理を考えて組み立てる力、論点を支える証拠資料を得る情報収集の力」を養い、就職を控えた生徒たちにとって必要な力を身につけさせることをねらっている。

■単元目標

まず、『論語』と『老子』の学習による目標として、次の三点を挙げている。
1、中国人のものの見方・考え方を理解する。
2、現代社会に『論語』と『老子』の考え方がどのように適用されるべきか考える。
3、参考書やインターネット等を用いて漢文の世界に興味を持たせる。
さらに、ディベートをすることによる目標として、次の三点を挙げる。
1、自分の考えを正当付けるための論理の組み立てを理解する。
2、相手の考えと自分の考えを客観的に見ることができるようになる。
3、人前での討論になれる。

■単元の展開

	学習内容	指導上の留意点
1	漢文の基礎を復習する。	プリントを配布し、レ点・一二点・上下点を確認、訓読漢文と書き下し文の変換を復習する。
2	『老子』を学習する。 「不尚賢」（『老子』第三章）における老子の考えを理解する。	プリントを配布し、書き下し文等で大略を掴んだ後、『老子』の思想のあり方について説明する。
3	『論語』を学習する。 『老子』で学習した内容について、『論語』ではどのように考えているか理解する。	プリントを配布し、書き下し文等で大略を掴んだ後、『論語』の思想のあり方について説明する。
4	『論語』と『老子』の違いを学習する。 現代社会において二者の有り様を考えてみる。	現代社会は二者の思想の内どちらが反映されているか考えさせる。その上で、今のまま一方の思想を重視するだけでよいのか考えさせる。

5	ディベートを学習する。 ディベートの概要を理解する。	ディベートとは、ある一つの論題について、肯定側と否定側に分かれ、討論していくものであることを理解させる。
6	ディベートにおける立論を作成する。 自分の意見の正当性について論理的に構成する。	生徒に各自の立場を設定し、どのように論理的に立論を書けばよいか理解させる。
7	ディベートを行う。 立案を発表しあい、それに対して討論を行う。	初めてであるため、立論を各自が述べた後、一回の反駁をして終了させる。
8	全体に関する感想を聞く。	立場を決めず、どういう感想を持ったか聞いてみる。

■単元の実際

学習内容2の『老子』の学習では、「不尚賢」の章を取り上げ、「聖人の政治は、民衆の欲望を抑えさせ、食を充実させ、元気にさせることである」とする老子の考えを説明している。「現在の世の中とはかけ離れているが、逆に生徒に現状を考えさせるには格好の教材」であり、生徒たちは説明を聞き、すぐに現代の世の中と結びつけていたと言う。共感しにくい部分には、具体的な例を挙げ、説明を加えた。教師側は「あまり現在の世の中と較べるようなことはせず、軽く触れる程度にし」て、この後の展開のなかで深く考えさせるように仕向けた。

次いで学習内容3では、『老子』の内容と対応する『論語』の章句を挙げ、現在の世の中に『論語』の考えが生きていることを実感させた。生徒たちも役人登用やものに対する価値観、道徳のあり方など、『老子』の考えと比べながら、現在とのつながりを考えている。

そして、学習内容4で、「『論語』の考え方は、果たして現在の世の中でうまく機能しているのであるか。さらに、『論語』と『老子』と相反する二つの考え方は、どのようにあるべきなのであろうか。」と生徒に考えさせた。現在の世の中が『論語』の思想に基づくと気づいた生徒たちに、『論語』の考え方の長所と短所を答えさせ、短所への対応策として『老子』の思想に基づく考えを引き出し、それぞれの考え方に対する理解を深めたところで、現在の世の中における『老子』の考え方の必要性について問いかけ、ディベートの授業へつなげた。

学習内容6において、「現在の世の中は儒教思想ではなく、老子思想を重視すべきである」という論題のもとで、書き方を説明し[6]、肯定側と否定側に分かれてそれぞれに立論を書かせた。そして学習内容7で、書かせたもののうち説得力のあるものを肯定側・否定側から各四例取り上げて全員に示し、逆の立場の立論に対し、質問・弁論を行っている。内容としては、「おおよそ、現実の社会問題を取り上げ、進歩をやめて立ち止まる必要があるといった『老子』重視の意見と、どんな問題もさらなる進歩によって解決できるといった『論語』重視の意見に分かれた」と述べ、「いくら『論語』重視の立場でも、現代において道徳を持ち合わせていない人が多いことは認識していたようである」としている。全体としては『老子』の考え方を必要とする意見が強かったという。反省点として、「論題の題目が抽象的であった」ため、「生徒が漠然とした弁論や質問をしてしまった」ことを挙げている。

③　本実践についての考察

太田は、実践を終えて生徒に感想を聞き、「『論語』と『老子』の思想を理解し、現実の社会としっかり照らし合わせている。単に教師が知識を教える形式の授業を行うよりも、理解が深まっているようである」と述べ、授業の有効性を評価している。『論語』と『老子』という対照的な二つの考えを取り上げることは、ディベートの題材として使用しやすいようであった。

本実践においては、将来の就職などに向けて、コミュニケーション能力の育成の手段としてのディベートの活用がめざされたが、太田自身の感想や生徒たちの書いた立論などを読むと、ディベートを実施することで、漢文の内容についての理解も深めることができていることがわかる。教材を用いたディベートの実践例は、やはり現代文で行われていることが多い。しかし、漢文や古文などの文章を用いることで、ディベートの授業自体がめざすコミュニケーション能力の育成と、教材の内容を理解するためのツールとしてのディベートの活用という二つのねらいを達成することも可能となる。杉藤美代子（二〇〇二）も、「古典の数々も、とくに困難の多い現代を生きる人生の書として、ディベートの種にもなるはずである」[7]（九八頁）と述べているが、今回の『論語』と『老子』の例に限らず、古典の文章を現代社会に反映させて考えさせ、それをもとにしてディベートを行うことは有効である。先に挙げた小路口（二〇〇六）も、現代の問題を考える際に、あえて中国古代という異なる国、異なる時代の文章である漢文を取り扱うことで、自分の考えを対象化できるというメリットを挙げていたが、肯定側と否定側のそれぞれの立場から意見を述べる必要があるディベートという形式でも、漢文の思想教材は有効に働くものであると考える。

（3）阿部正和「「五十歩百歩」の可能性について」

①　実践について

阿部正和（二〇〇六）は、高等学校における入門教材としてしばしば取り扱われる「五十歩百歩」（『孟子』）について、「入門期教材であるが故に」「教員主導型のパターン化された授業が行われていると予想される」と述べ、「孟子のたとえ話の巧みさを生徒たちがきちんと理解できる」ことをめざした授業を実践した。「国語総合」の教科書を調査し、一社を除くほぼすべての教科書が入門教材の故事成語として「孟子対曰、王好戦。〜」から「〜是亦走也。」を取り上げているということを確認し、この部分の読解だけでは、「生徒に孟子のたとえ話の巧みさを理解させることが難しい」と述べている。それを踏まえ、本実践では、生徒にたとえ話を創らせ、孟子と梁の恵王双方の立場に立たせるという視点を用いている。

②　単元の概要と実際

■単元のねらい

前述の通り、この授業のねらいは「孟子のたとえ話の巧みさを理解させる」という点に置かれている。また、専門高校での実践ということで、漢文の学習自体が一年生の二十数時間に限られており、さらに「中学校の頃より漢字が苦手、だから漢文が嫌い、という生徒も多い」という現状があり、「漢文の授業に生徒をいかに主体的に臨ませるか」という問題意識も有している。

■単元の展開

一時間目　たとえ話を創る（孟子の立場に立たせる）
二時間目「五十歩百歩」本文の読解
三時間目「五十歩百歩」本文の読解
四時間目　孟子と生徒の創ったたとえ話の比較検討（梁の恵王の立場に立たせる）
五時間目　人を納得させる、自分が納得する論理の検討

■教材

・第一学習社『高等学校新編国語総合』

■単元の実際

一時間目では、クラスを六グループに分け、たとえ話を創らせている。その際、教科書の解説（本文の前のリード文）をわかりやすく言い換え、[8]生徒に提示している。

二時間目と三時間目で、書き下し文と現代語訳の確認を行っているが、生徒の中には「孟子のたとえ話で自分の政治がたいしたことはないと梁の恵王が気づかないのでは」という声も挙がったという。

四時間目は、生徒を梁の恵王の立場に立たせるために、一時間目に生徒が創ったたとえ話を発表させた。そしてその発表を聞いている生徒たちに、「発表者の話し方・内容によって、自分が梁の恵王の立場に立った時、どれが一番納得いくかということ」を理由とともに考えさせた。生徒からの支持が多かったものは、「どんなに花に水をやっても成長する速度は変わらない。肥料をあげるなどの工夫が必要である」といったものなどであった。

最後の五時間目は、「四時間目の結果を受けて、なぜ納得度合いに差が生じたのか、生徒が納得するためには何が必要なのか、孟子のたとえ話を生徒が理解できないのはなぜなのか、大きく言えば話し手と聞き手が相互理解をするためには何が必要なのか」を考えさせることをめざした。生徒達のたとえ話から「身近な話題」で「直接的でわかりやすいこと」をたとえ話のポイントとして見いだし、それと孟子のたとえ話を比較すると、孟子のたとえ話が生徒にとって遠い話題である「戦争」を用いていることが生徒達からのわかりにくさにつながっていることを気づかせた。さらに、梁の恵王にとっては「戦争」というたとえがわかりやすいものであったということにつなげ、「人を納得させる論理には聞き手にとってわかりやすく身近な話題がある方がよく伝わるということ、自分が納得する論理にもわかりやすく身近な話題がある方がよくわかるということ、そしてこのことがコミュニケーションの場において重要であること」とまとめた。さらに、この「五十歩百歩」のたとえ話が「恵王自身に自分の考え方の誤りを気づかせる」ことをねらった「孟子の戦争批判」を含むことを解説している。

③　本実践についての考察

阿部は授業を終えて、「自身が授業の場で生徒のたとえ話を評価し、その妥当性を検討しなかったこと」と、この話が「梁の恵王に対する孟子の戦争批判であり」、その批判を直接するのではなく「なぜたとえ話をする必要があったのかという思想的背景まで生徒に考えさせることができなかったこと」を反省点として挙げているが、「訓読文を書き下し、現代語訳をし、教員が内容を解説するというパターン化された授業からは少し脱却できた」とし、「たとえ話を創る」という活動を通して生徒が「授業に主体的に臨んだ」点を評価している。

孟子のたとえ話の巧みさは、相手の好むもの（戦争）を利用しつつ、しかもそれに対しての批判的なまなざしまでをも含んだものになっている点にあると言える。生徒たちははじめこのたとえ話がよくわからなかったという。それは、自分たちが創ったたとえ話の評価についての阿部の記述からも読み取れる。

支持者の数の結果を見ると、生徒は「五十歩百歩」のたとえ話に恵王に対する戦争批判が含まれていることを理解した上で、自分達のたとえ話を評価したのではなく、自分が恵王の立場になれば、今まで行ってきたことをどのように変えていけばよいのか、どのような工夫をする必要があるのか、ということがよく伝わるたとえ話が納得できるものとして評価していることがわかる。（二二頁）

単にたとえ話を創らせるだけではなく、恵王の立場から、「五十歩百歩」の話を読ませることによって、自分たちが創ったたとえ話と孟子のたとえ話との比較ができ、その立場に応じて求められる話が異なっていることを理解させている。この実践を通して、「五十歩百歩」の教材としての可能性として、「孟子のたとえ話の巧みさ」を理解させるためには前後の解説・補足が必要となるため「ある程度漢文を学習した後に行う中間期教材として取り扱う必要があるかもしれない」としつつ、「減少している漢文の授業の中で様々な力を生徒に身につける可能性がある」と述べている。

思想教材の学習においては、前述二氏のように内容面に深くアプローチする扱い方とともに、その思想の内容をいかに他者に伝えようとしたのかという表現面からのアプローチの仕方も有効である。そしてこの阿部の実践は、

「たとえ話」という表現から本文に切り込み、その背景にあるものを考えに入れつつ、なぜたとえ話を用いる必要があったのか、そこに込められているメッセージは何なのかを考えさせるという内容についてのアプローチもなされている点で、有意義な実践であると考える。

三　授業デザインの視点

1　三氏の実践を踏まえて

ここまで見てきた三氏の実践は、いずれも内容の理解と言語活動との組み合わせにより構成されている。それぞれの言語活動は、内容の理解を助けたり、深めたりするために有効な手立てとして機能している。例えば、太田（二〇〇七）の実践では、本文を一度読解した後にディベートを実施することで、現代の社会問題と関連づけながら、『論語』『老子』のそれぞれの思想についての理解を深めており、阿部（二〇〇六）でも、たとえ話を創るという活動を通して、孟子がどのような状況の中で、相手（梁の恵王）を説得しようとしたのかという内容面の理解へと進めている。さらに、小路口（二〇〇六）では、『孟子』や『荀子』の学習から、「学ぶことの意義」などの身近な話題についての文章を書かせることで、学んだ内容を深めるよう工夫されている。これらの学習によって、ただ受身的に中国古代の思想について学ぶのではなく、学んだ内容を現代の問題と重ね、主体的に考えることが可能となる。

ただし、漢文で学ぶ内容が必ずしも現代社会の問題と直結するというわけではない。安藤信廣（二〇〇五b）は、次のように指摘している。

古典は、現代のかかえる問題に対して直接の答えを出してくれる存在ではない。しかし、現代がみずからの問題を解決するための、深い知恵を秘めている。新しい時代によって再評価され、新しい知恵を再発見される可能性を持っているもの――それが古典だ、と言うこともできるだろう。

古典が常に新たな再発見の可能性を秘めている存在であるならば、逆に、古典に向きあう者は常に新たな問いかけを求められている、と言わなくてはならない。漢文を読む場合にも、現代の最も深い問題を問いかける力が、たえず求められているのである。(9)（一四頁）

漢文などの古典を学ぶことは、ただその内容に学ぶというだけにとどまることではなく、それに向き合い、それに「問いかける」ことである。その意味で、この三氏の実践は、古典を受容するだけではなく、その考えを踏まえて現代社会の問題について漢文の文章と対話しようとする姿勢が見られる。それは、学問や「仁」のあり方、社会の進歩の必要性、あるいは他者との対話のあり方など、内容だけではなく、表現の面からも考えることができるものである。安藤（二〇〇五b）は、『老子』と『孟子』の「新しいユニット」を提案したうえで、次のように述べる。

『老子』と『孟子』とを総合して考えるとき、自然とのかかわりの中で、人間の持つべき倫理と論理の方向が見えてくる。これまで別々の次元で、別々の思想流派としてあつかわれてきた教材を、現在の問題意識に即して組みあわせ、新しいユニットとして読むとき、かえって老荘思想と儒家思想に通底するものが見え、またそれが現代にとって大きな刺激になるのである。もちろん、あくまでも重要なのは、言語表現と思想が相関的に深まってゆく、その具体的な展開に注目することだろう。環境教育の補助をすることが目的なのではなく、漢文の言語表現の鋭さ、思想の奥ゆきの深さを体験することが大切なのだ。むしろそのためにこそ、異質の教材同士を組みあわせ、そのことによって浮き彫りになる教材の新しい意味を示してゆきたい。(10)（一七～一八頁）

内容だけの読み取りではなく、言語表現にも着目することで、より深い理解と対話が可能となるのである。

2　思想教材の授業づくりのために

思想教材を学ぶということは、一歩間違えれば儒教的な道徳を学ぶという点で、「道徳」や「倫理」の授業になりかねない部分がある。あくまで「国語科」という教科の中でこれらの教材をどう教えるかを考える必要がある。そのためにも、ここまでに見てきた三氏の実践や安藤（二〇〇五b）の提案のように、学習者の深い考えを導くような工夫が必要になるだろう。それは、内容的なアプローチに限らず、阿部（二〇〇六）のようにたとえ話という表現からのアプローチでもある。内容を深く読み取り、作品と対話をするためには、思想教材の持つ論争性や対話性を活かした表現の学習は、これらの教材を学ぶうえで有効に働くのではないだろうか。自らの主張を相手に納得させるために、思想家たちがどのような状況でどのような表現を用いているのかを読み取ることは、作品との対話を進めていくための一つの道筋であろう。

一節で、漢文思想教材を学ぶ目標として、次の四点を挙げた。

① 日本の思想・社会・文化の背景となった思想を理解し、現在の社会とどのように関わるのかを考えること。
② 古人が抱える問題を自らの問題として共有し、古人とともにそれらの問題を考えること。
③ 現代の言語状況を見直し、相互的なコミュニケーションのあり方を理解すること。
④ 比喩や寓言などの優れた表現から、自分の考えを相手に伝える方法を考えること。

「先人の知恵を学ぶ」ということは、思想教材を扱ううえで一つの目標であることは間違いない。だが、文章を読み、「いい言葉だね」「昔の人はこんなことを考えていたのか」「今も昔も同じようなことを考えていたんだね」というある種感傷的な読み取りだけで終わってしまうのでは、思想教材の扱いとしてはもったいない。これらの文章が書かれた時代の状況を考えにいれたうえで、現代の社会に対しての分析を行ったり、その表現のあり方を検討し、それらに対する意見を持ったり、あるテーマについて古人と現代の学習者が問いを共有し、ともにその問題を考えることで学習者が新たな認識を開いていくという対話に参加させることこそが、思想教材の持つ可能性であろう。三氏の実践で示されたように、学習者が漢文の思想の文章を読んで、主体的に考えることができる授業をいかに創っていくかが今後の課題となる。

文献

文部科学省『高等学校学習指導要領解説　国語編』教育出版、二〇一〇

田部井文雄編『漢文教育の諸相―研究と教育の視座から』大修館書店、二〇〇五

子安宣邦『思想史家が読む論語―「学び」の復権』岩波書店、二〇一〇

西原利典（二〇〇二）「中学校漢文思想教材の扱い方―『論語』（中2）の実践を通して―」（『漢文教育』27、広島漢文教育学会、一六〜二三頁）

安藤信廣（二〇〇五ａ）「『孟子』の論争性と人間観―先秦諸子をどのようにとらえるか」（田部井文雄編『漢文教育の諸相――研究と教育の視座から』大修館書店、二九三〜三〇六頁）

安藤信廣（二〇〇五ｂ）「日本語の現在と漢文教育」（田部井文雄編『漢文教育の諸相―研究と教育の視座から』大修館書店、三〜一八頁）

小路口真理美（二〇〇六）「「親しむ」読みから「考える」読みへ―漢文教育の可能性を開く試み―」、『Problématique ――文学／教育』7、一四八〜一六三頁、同人 Problématique

太田亨（二〇〇七）「ディベートを活用した漢文授業―『論語』と『老子』を教材に用いた場合―」（『広島商船高等専門学校紀要』29、広島商船高等専門学校、七〇〜五九頁）

太田亨（二〇〇六）「プレゼンテーションを活用した漢文授業―『論語』の場合―」（『漢文教育』31、中国中世文学会、四二〜六五頁）

阿部正和（二〇〇六）「実践研究報告「五十歩百歩」の可能性について」（『新しい漢字漢文教育』43、全国漢文教育学会、一九～二五頁）
杉藤美代子（二〇〇二）「「国語学」か「日本語学」か―問題は中身―」（『国語学』53―2、日本語学会、九八～九九頁）

注

（1）西原利典（二〇〇二）
（2）子安宣邦（二〇一〇）
（3）安藤信廣（二〇〇五ａ）
（4）文部科学省（二〇一〇）
（5）太田亨（二〇〇六）「プレゼンテーションを活用した漢文授業―『論語』の場合―」などがある。
（6）立論の構成は、次のような5段構成でまとめさせている。
第1段落では、自分の立場を明確にし、第2段落において、自分の立場の考え方・思想についてまとめ、どのように優れているか示すようにした。続いて第3段落では、反対の立場の考え方・思想についてまとめ、その思想の下における具体的な問題点を挙げるようにした。そして、第4段落では、第3段落で挙げた問題点について、自分の立場の考え方・思想に基づいて実行すれば解決できることを述べるようにした。第5段落では、自分の立場を再確認してまとめるようにした。（二〇頁）
（7）杉藤美代子（二〇〇二）
（8）提示したのは「昔ある所に王様がいました。彼は一所懸命に国を強くする政治をしているつもりでしたが、隣国とはほとんど差がつきません。そこである旅人がやってきて王様に差がつかない理由を説明しました。あなた達ならどのようなたとえ話をしますか」という文章である。
（9）安藤信廣（二〇〇五ｂ）
（10）安藤信廣（二〇〇五ｂ）

第二章　史伝教材を用いた実践

菊地　隆雄

一　学習の目標

1　史伝について

史伝は歴史と伝記を言う。言い換えれば「全体」と「個」の歴史記録である。記録という行為は、そこに住む人々が文字を手に入れさえすれば、いかなる地域においても行われてきたが、中国における歴史記録は特別な意味を持っていた。そこでの記録は単に事件や事柄の備忘録ではない。中国においては、まず何よりも人間の尊厳にかかわる行為であった。

いったい人の生き方はどのような方法で評価されてきたのだろうか。神の最後の審判によって裁かれる地域もあれば、因果応報によって現世での生き方が来世を決定するという地域もある。では中国はどうだろう。中国では文章を用いて記録されることによって、その人の生き方が評価された。

いつの時代においても、どの地域においても、善人が必ずしも幸福な一生を送るとは限らない。また、悪人が悲惨な一生を送るとも限らない。善人が悲惨な一生を送るのはよくあることである。悪人が平穏無事な一生を送り、天寿を全うするのもしばしばである。中国では、悲惨な一生を送った善人を文章で表揚し、救済した。我が物顔に振る舞い天寿を全うした悪人を文章で批判し、断罪した。中国においては、文章による記録が人間の尊厳を回復する行為であったのである。

2 目標

史伝教材の主な学習目標は次の二点である。

①歴史上の国と国、人と人との複雑な関係や事件を読み解き、そこに登場する人々の言動に思いを致すことによって、自分自身の思考を深め、ひいては生き方そのものをより豊かなものにしていくこと。

②物語性を持った一定の分量の漢文を読みこなし、訓読の方法と、その訓読によってできた書き下し文の文体とに習熟し、漢文脈に対する豊かな語感を養うこと。

史伝教材の多くは春秋・戦国期の乱世を扱っている。その時代は国と国とが戦いに明け暮れ、国内においても下剋上が絶えず繰り広げられた時代であった。あらゆる場面でぎりぎりの巧みな駆け引きが行われ、そこにさまざまな生き方が現れる。したがって①の目標が設定される。二千年以上も前の出来事の記録であるが、そこには人間が生きていくための普遍的な叡智がぎっしり詰まっている。

ただし、学習目標が①だけで、書かれている内容のみが問題ならば、必ずしも漢文の授業は必要ない。倫理や世界史の授業で充分である。漢文の原文そのものも必要ない。正確な現代日本語の訳文があればよい。史伝に限らず漢文の授業でなければ不可能なのは、その原文を目で見ながら語句の配置を確かめ、訓読（日本の文語文による翻訳）して出来上がった文章を味わうことである。日本の漢文教育の役割は、内容理解にとどまらず、訓読によって生み出された漢文脈の文体に注目させ、学習者の日本語を磨き上げていくことにあると言えよう。

二　実践事例

1 「塞翁が馬」

最初に「故事成語」の教材を一つ取り上げる。中学校でも「矛盾」などの「故事成語」が定番教材となっているが、高校では入門期に「故事成語」の教材が使われる。短文でストーリー性のある「故事成語」は、やがて学習する「史伝」教材の足ならしの役目を果たす。もっとも、「故事成語」なるジャンルがもとからあるわけではない。その教材は史伝・思想・詩文などの各分野からトピックを抜き出したものである。この「塞翁が馬」も「史伝」から取られたものではなく、漢代の思想書『淮南子』に載るものである。

『淮南子』は、淮南王の劉安が中国各地から数千人の賓客を集めて編纂させた一種の百科全書である。通読すると主なウェイトは道家にあることが知れるが、一つ一つの話は諸子百家の多様な思想の影響を受けており、さまざまなエピソードの宝庫となっている。では「塞翁が馬」の全文を示してみよう。

①近塞上之人、有善術者。
②馬無故亡而入胡。人皆弔之。
③其父曰、「此何遽不為福乎。」
④居数月、其馬将胡駿馬而帰。人皆賀之。
⑤其父曰、「此何遽不能為禍乎。」
⑥家富良馬。其子好騎、堕而折其髀。人皆弔之。
⑦其父曰、「此何遽不為福乎。」

⑧居一年、胡人大入塞。丁壮者引弦而戦、近塞之人、死者十九。此独以跛之故、父子相保。
⑨故福之為禍、禍之為福、化不可極、深不可測也。
（話を進めやすいように必要に応じて原文の行を変え、行頭に番号を付してある）

ここで取り上げる主な実践事例は村山敬三（新潟県立柏崎高等学校での実践）によるもの。村山の文章は「『塞翁馬』教材研究[1]」と銘うってあるが、具体的な授業の方法が記されており、優れた実践事例を兼ねている。

（一）読み・解釈

漢文の授業では音読での「読み」がまず基本である。「読み」をいい加減にした優れた実践はあり得ない。村山の方法は次のようなものである。

易から難へのレベルを設定し、句読点はそのままで、

Ⅰ　漢字のよみがな・返り点・送りがながついたもの
Ⅱ　返り点・送りがながついたもの
Ⅲ　返り点だけがついたもの
Ⅳ　白文

という順に、少なくともⅢのレベルまでの訓読の練習（音読）をさせたい。この指導を、教材の学習を一通り終えた後に、テスト形式で、しかも個人指導として行うと、生徒たちの訓読力は飛躍的に向上する。どの教材でもこのようにすることは時間的な制約から無理がある。故事成語のような短い教材を利用して一度でも行っておけば、生徒たちの漢文アレルギーはかなり払拭されると思う。

漢文の授業においては、導入の音読の指導をどのように行うかが授業を左右する。大きな声で何度でも時間の許す限り音読させ、その言い回しやリズムを気持ちよく体にしみこませることが重要である。音読は、あくまでも教師の範読につかせて斉読させる形を基本としたい。一、二度の指名読みや個別読みだけでは漢文の文章が生徒の体に食い込まない。そこで求められるのは、教師の正確でしっかりした音調の範読である。

通常、読みの練習には村山のいうⅡをベースにして難読の漢字にルビをつけたものが使われるが、Ⅳの白文の使用も効果的である。白文というと生徒の漢文嫌いを助長する最大の原因のように見なされることが多いが、決してそうではない。要は工夫次第である。

渡辺雅之は「故事成語による入門・発展」(2)の中で、白文に訓点をつける作業の利点を次のように述べている。

1　漢文は中国語という外国語であることをはっきりつかませることができる。
2　訓読のしくみというものを実体験として把握できる。
3　訓点のついた漢文に抵抗感が少なくなる。
4　読みの〝ゆれ〟も理解させることができる。
5　白文による作業は生徒の興味づけになる。
6　全学年で行うことができる。

渡辺のこの指摘にはそれぞれに説明がついているのだが、ここでは省略する。この白文の利用は実は訓点の付け方の総仕上げとしても大変有益である。筆者（菊地）は次のような方法を取っている。

この「塞翁が馬」であれば、白文のプリントを生徒に配り、こちらの範読にしたがって訓点を付けさせる。初めはゆっくりと、短く切りながら範読することがコツである。生徒が慣れてくれば速めてもかまわない。例えば①の「近塞上之人、有善術者。」では、「塞上に近きの人に」と範読して生徒に訓点をつけさせる。つけ終わったところを見計らって「術を善くする者有り」と範読する。この部分には短文ながらレ点、一・二点があるので、その付け方をすぐに覚えてしまう。単に読ませて覚えさせるのと実際に訓点を付けさせて覚えさせるのとでは大違いである。

では「読み」の違いに移ろう。「読み」の異なりは解釈と連動していることが多い。「塞翁が馬」の場合、各教科書や注釈書で扱いが二分されるのは原文の③⑤⑦の「其父」の「父」の読みである。次に村山の見解を示す。

「父」について、「ホ」と読んで老人の意に解するものと、「父親」の意に解するものの二説がある。「其」を髀を折った子供をさすと考え、「その父親」を「術を善くする者」だと解するのは、まだ子供のことが述べられていないのであるからおかしなことである。

『其』は『術を善くする者』をさす。『父』はちち、父親。『父』を『ホ』と読み、『老人』の意に解する注釈もあるが、あとに『其子』『父子』とあるので、この『父』はあきらかに『ちち』の意である」という解釈（『漢詩・漢文解釈講座「故事・寓話Ⅰ」』(3)）に従うと、「善術者」の父が禍福を予測する人物ということになり、最初に「術を善くす」と述べられてあることが意味を持たなくなってしまう。

（中略）

したがって、「父」は老人と解釈せざるを得ない。ただ、老人とは言っても今日の老人の概念よりもずっと年齢は下であろう。

村山は、「其父」の「父」を「ホ」と読んで「老人」の意にとる。話の辻褄から考えて説得力のある見解であると言える。ただし「父」は、「ちち」の場合も「老人」の場合も、漢音は「フ」、呉音は「ブ」、慣用音が「ホ」である。したがって「老人」の意にとっても、「漢文の音読みは漢音を用いるのを原則とする」という通例に従い、漢音を用いて「其父（そのふ）」と読んでもかまわない。必ず慣用音の「ホ」を用いなくてはならないということではない。さらに補足すれば、「老人」という意も、中国の『淮南子』（中華書局）の注釈書[4]では孔頴達の「尊の辞」という語釈を引いて「長者」と注しており、ここでは「老人」という年齢的な区分よりも「先見の明があり、人望のある人格者」と取ったほうが適切である。

では「其父」の「父」を「ちち」と取る解釈はまったく不可能なのだろうか。前に出てくる①の「有善術者」を受けて③の「其父」が出てくるので、文章構造だけから言えば、「其父」の「父」を「善術者」の「ちち」と取るのはむしろ自然な読み・解釈である。また、『淮南子』では、この「塞翁が馬」の話の前に同工異曲の話があり、その文章にも「宋人好善者……其父…」という同様な形がある。その文章では「其父」を「好善者」（善行に励む者）の「ちち」と取って解釈されている。もし、これを踏襲するなら「塞翁が馬」の「其父」を、「（ある一家の中の）ちち（である術を善くする者）」と（　　）の部分を補って解釈しなければならない。そこまでやるのは、いかにも無理がある。ここはやはり話の辻褄から考えて、村山の考え方を取っておきたい。この部分の読みの違いは、⑤「此何遽不能為禍乎。」の「禍」を「か」と読むのか「わざわい」と読むのかという、どちらでもよいこととは異なるので、授業の際には神経を使うところである。

(二) 表現

村山は次のような「表現」にも注目を促している。

①有善術者　「―有～者」《―に～する者有り》という構文
⑧居一年　「動詞＋数量を表す語」《AすることB》の構文

こうした表現は定まった句形として扱われることはないが、頻出する構文なので、次のような村山の指摘は正鵠を射ているものと言ってよい。

構文の解説は一面退屈な授業になりがちかとも思えるが、英語などで構文に関係した文法をみっちりと学習している生徒にとっては、漢文で時にこうした解説が行われるのは新鮮に感じられるようで、意外に真剣に聞いている。

村山は言及していないが、「塞翁が馬」の全体構成については、教科書によっては次に挙げる文を冒頭に置き、最初に主題を提示しているとみなすものがある。

夫禍福之転而相生、其変難見也。

しかし、これは『淮南子』の構成に倣えば、「塞翁が馬」の前の話の結論部分と見るのが妥当であろう。

(三)　何を学ばせるか

この教材については文中にポイントが明示されているので、どの教員においても大きな違いはないと思われる。

⑨故福之為禍、禍之為福、化不可極、深不可測也。

ここに明示されている「禍福」の極むべからざる「化」と、測るべからざる「深」を認識させることが、その中心となる。これについての具体的な説明は森野繁夫の教材研究[5]が特に目を惹くのでそれを紹介する。

森野は「禍福」を次のようにとらえている。

× 禍―悲嘆して、やる気をなくする。福―有頂天になって、将来の備えを忘れる。

○ 禍―希望をすてない。福―将来の備えを忘れない。

そして、この教材を読むことによって、塞翁の生き方を考え、次のように学習することを提示している。

- 禍福の変化には、人間には推し測れないものがある。しかし、人間と無関係にそれ独自で変化するわけではない。人間の行いと微妙にかかわりあいながら、それは変化する。
- 福にもおごらず、禍にも嘆きにしずまず、将来を見すえて、現在に慎重に対処する。

「禍福」に対する通念を否定して、前向きに「禍福」の「化」と「深」をとらえており、教材に即した分かりやすい提示と言える。

2 「荊軻」

これは荊軻が、燕の太子丹の依頼を受けて秦王政（後の始皇帝）の命をねらう話だが、教科書では『十八史略』から採られることがある。

『十八史略』（巻一　燕）に載せる文章を次に挙げてみよう。

①恵王後、有武成王・孝王、至王喜。喜太子丹、質於秦。秦王政不礼焉。怒而亡帰、怨秦欲報之。

②秦将軍樊於期、得罪亡之燕。丹受而舎之。
③丹聞衛人荊軻賢、卑辞厚礼請之。奉養無不至。
④欲遣軻。軻請得樊将軍首及燕督亢地図、以献秦。丹不忍殺於期。軻自以意諷之曰、
「願得将軍之首、以献秦王。必喜而見臣。臣左手把其袖、右手揕其胸、則将軍之仇報、而燕之恥雪矣。」

於期慨然遂自刎。
⑤丹奔往、伏哭。乃以函盛其首。又嘗求天下之利匕首、以薬焠之。以試人、血如縷立死。
⑥乃装遣軻。行至易水。歌曰、
⑦風蕭蕭兮易水寒
壮士一去兮不復還
⑧于時白虹貫日。燕人畏之。
⑨軻至咸陽。秦王政大喜見之。
⑩軻奉図進。図窮而匕首見。把王袖揕之。未及身。王驚起、絶袖。軻逐之。環柱走。
⑪秦法群臣侍殿上者、不得操尺寸兵。左右以手搏之。
⑫且曰、「王負剣。」遂抜剣断其左股。軻引匕首擿王。不中。遂体解以徇。
⑬秦王大怒、益発兵伐燕。喜斬丹以献。後三年、秦兵虜喜、遂滅燕為郡。

①で事の発端が述べられ、③で丹が刺客の任務を荊軻に依頼する。荊軻は④の下準備をして、易水で⑦の歌を詠って秦に向う。秦王政の宮殿にまかり出た荊軻は、⑩のごとく秦王政を刺し殺そうと大立ち回りを演じるが、かなわず、⑫のような最期を迎えて、事を為損じる。

この『十八史略』の文章は、以上のように事の成り行きの骨組みだけを追ったもので、登場人物の感情や細かな事情は描かれていない。そうした部分は『史記』の「刺客列伝」を参照しなければならない。とかく「史伝」教材は、分量が程よいということもあって、手軽で扱いやすい『十八史略』が用いられることがよくある。しかし、そのもとの記事は「正史」にある。この場合は『史記』である。ちなみに、この『十八史略』の「荊軻」に相当する『史記』「刺客列伝」の記事は前者の七、八倍の分量である。こうした資料は、いったいどのように扱って授業を進めたらよいのだろうか。

『十八史略』の教材を『史記』の資料で深める実践

ここでは主に中村陸子の授業実践例（京都市立堀川高等学校での実践[6]）を取り上げる。

中村の対象とした生徒は高校一年生。中村は「史伝を初めて扱う機会に、そのおもしろさをたっぷり伝えたい」と思い、「ダイジェスト版の『十八史略』だけでは深まりがなく物足りない。『史記』「刺客列伝」の荊軻の情報を加えて読みたいと考えた」という。通常は高校一年の授業であれば、教師が「刺客列伝」を事前に読み、その情報を必要に応じて紹介するという形をとるであろう。しかし、中村は「『史記』をどのような形で生徒に与えるかはかなり悩んだが、結局『国訳漢文大成』の書き下し文で与えること」にして、「刺客列伝」の全文を生徒に読ませる。その理由を中村はこのように言っている。

漢文訓読調の文体に、音で先に慣れてしまおうというもくろみである。出来る限り音読の機会を増やし、いわゆる漢文句法を体で覚えさせてしまいたい、欲を言えば楽しんでしまいたいと思った。これらの効用は、漢文の学習にとどまらないだろう。近代文語文は言うまでもなく、今の生徒たちが苦手な「かっちりした」日本語の語彙力・読解力の不足を補う一助となることを期待した。

こうした中村の授業組み立ての基本的な姿勢は、「史伝」学習の本質を衝いている。楽しみながら、たっぷり音読させて、漢文訓読調の文体に体で慣れさせる、これが大事である。それに『国訳漢文大成』を用いているが、この資料はもっと利用されてよい。筆者も『国訳漢文大成』の利用については、かつて「漢文の世界へ誘う史伝の指導」(7)の中で次のように記したことがある。

（書き下し文を大量に何度も読み、体にしみこませることは大切だが）訓読体の文章を利用する時切に願うのは、かつての『国訳漢文大成』のような訓読文を主とする本の出版である。漢文のあらゆる分野に渡っての訓読文が廉価な文庫本になっていれば、一般の人にとっても漢文の世界はぐっと身近になる。書き下しの文章を暗誦するほど読んだ生徒は白文を見てもそう驚かない。漢文の構造や書き下し文に現れない助字に目がゆく。（略）以上のような方法をとる学習は、詩文よりも物語性のある史伝が最適である。『史記』の名場面はもとより、他の史伝も、この方法をとれば大量に読みこなすことができるのではないだろうか。

中村の「授業の流れ」は次のようになっている。

Ⅰ　教科書掲載『十八史略』荊軻の読解（二時間）

Ⅱ　『史記』「刺客列伝」（国訳漢文大成による）を、各グループの担当テーマ（後掲）に沿ってグループ学習（三時間）

Ⅲ　Ⅱと並行して授業者と各グループの面談

Ⅳ　各グループが完成させたレポートを自分のグループ内で検討（一時間）

Ⅴ　授業者の授業進行に従って、各グループが発表。それに対して、別のグループから異論や補足を加え、荊軻を「読む」（二時間）

Ⅵ　前時のまとめと「刺客列伝」全体の紹介（一時間）

Ⅲには時間数が入っていないが、九時間の授業計画なので一時間を当てている（実際は一時間以上を要すると思われる）。漢文の授業時間は週一時間を確保するのが精一杯、九時間の授業をするには二ヶ月余を要する。したがって、これは教科書に掲載されている漢文のすべてのジャンルに触れようという方針ではなく、「荊軻」にじっくり取り組むことによって漢文学習のあらゆる要素をカバーしようという試みである。比較の対象にはならないが、橋本武の「銀の匙」の授業を想起させないでもない。

それぞれの項目には中村の授業の様子を記した説明がついている。その要点を挙げてみよう。

【Ⅰについて】『十八史略』のみでの読解は、人物の登場の仕方が唐突であったり、出来事と出来事の関係性が見えにくく、「史記で深く読もう」という動機付けになった。

【Ⅱ・Ⅲについて】 グループ（四〜五名）が担当したテーマは以下の七つ。

①太子丹の秦への思い　②樊於期と太子丹（前・後半）　③田光と太子丹　④荊軻の人となり（前・後半）　⑤太子丹の人となり（前・後半）　⑥荊軻が秦へ出発するシーン　⑦秦王VS荊軻のシーン

それぞれのグループで担当部分を音読する（斉読でも順番に交替するも可）。そのあと口語訳をする。句法や語彙的に正確さを求めるところはこちらが指示しながら、自分たちのテーマにとって細かい訳が不要な部分は大づかみに訳をとってかまわないという注意を添える。口語訳をベースにテーマについてディスカッションさせ、各自にメモをとらせる。授業者も机間巡視しながら質問に答えていく。時間の終わりに各グループで一本、B５一枚のレポートを提出。それに授業者が朱を入れ、そのうえで各グループと面談をする。それを二回～三回繰り返し、一本のレポートを完成。提出させる。この面談は授業時間内では無理で、放課後や昼休みも使った。書き直しに便利なPCは使わせず、敢えて「書く」ことで思考を深めていこうよ、と提言し、手間をかけさせた。

【Ⅳについて】各グループが完成させたレポートを全員に配布。すべてに目を通させ、自分のグループで気づかなかったところや解釈の違うところなどを話し合わせる。

【Ⅴについて】『十八史略』の読解で出た疑問点・保留点を『史記』で解消して読みを進めていくというスタンスで授業者が進行する。その中で解説を求められたグループが発表していく。質問や異論があれば、授業者も生徒も発言する。グループの発表には、本文の関係箇所をグループがリードして全員で音読させることを含むことを条件とした。ここまでやると〝古典〟は生徒をうまく育ててくれるということが実感できた。生徒も達成感を持ったようだ。「荊軻はなぜ刺客となったのか」を各自四百字程度で論述する宿題を出した。

【Ⅵについて】宿題のレポートをまとめたコラージュのキーワードは「信頼」となった。「士は己を知るもののために死す」という言葉に象徴される『史記』「刺客列伝」の執念と悲劇性に生徒たちはよく迫ったと思う。このあとで他の刺客の本文についてその訓読文を読み聞かせたところ、音読を重ねたこと、自分で構文を読み解く苦労が実を結んだのか、高い集中力と理解度を示した。

九時間という思い切った時間の使い方もさることながら、グループ学習の訓練が事前に求められる。そして、何よりも教師と生徒双方の熱意が授業の成否を分ける。中村は最後に以下のように総括している。

漢文を一年生の時点で「しっかり、たくさん読む」ためにはどうしたらよいか。書き下し文で読ませるという一つの手法を試みた。勿論、白文に訓点を打ちつつ読むという力が最終的には必要であろうし、この実践でもグループ面談の中で、また考査に向けて、重要語句・句法の学習はさせていることも付け加える。生徒が外へ、内へ世界を広げ、大人になっていくには、様々なひととの出会いが不可欠である。古典、特に漢文の史伝という分野は、時空を越えてそれを可能にしてくれるはずだ。

『史記』「刺客列伝」の荊軻の部分においては、荊軻が秦王政を追い掛け回す場面などでしばしば「時は惶急なり」「卒（にはか）に惶急なり」などの反復表現が使われる。こうした表現が語り物の影響を受けていることについては、中村の生徒たちは学習の過程で自然に気がついているのではないだろうか。また、息づまる場面描写の文学的な価値については、竹田晃の「文学としての『史記』」[8]など多くの文章があるが、訓読文とは言え、荊軻の全文を『史記』で読んだ生徒には、十分そうした側面も味わうことができたのではないだろうか。一方、『十八史略』にはあるが『史記』にはないという文章もある。「于時白虹貫日（時に于いて白虹日を貫く）」という太陽に白い虹がかかり、「兵乱が起こり、危機が迫る予兆」と言われる描写である。『十八史略』が単なる「正史」のダイジェスト版ではないことには、生徒は早い段階で気づいたであろう。

中村の実践は、条件が整わないと容易に実現できないものである。しかし、たとえば夏休みに『国訳漢文大成』の精読とレポート作りを課す、などという方法をとり、入念な準備をすれば、多くの学校現場に広めることが出来るものと思われる。史伝学習の目指す一つの方向であることは間違いない。

3 「楚漢の抗争」

「史伝」教材として最もよく知られているのは、『史記』の「項羽本紀」を出典とし、「楚漢の抗争」あるいは「漢楚の興亡」などと称される項羽と劉邦の争いの場面である。この教材は「史伝」教材という枠を越えて、今や漢文の代表的な教材となっている。したがって実践例の蓄積も他の教材のそれとは比べようもない。ここではその中から、いくつかのすぐれた実践例や教材研究を取り上げてみたい。

この場面の教科書教材は、リード文を挟みながらも「鴻門之会」「四面楚歌」「項王の最期」といった長く、しかも入り組んだ内容を持っている。それを表に現れた語彙や表現の方法はむろんのこと、裏に隠された歴史的な背景の深部にまでメスを入れて整理するのは容易なことではない。そうしたときに誰にでも使える好論文として、江連隆の「『史記』の特質と指導」[9]と青木五郎の「『史記』教材の扱い方―『漢楚の興亡』を中心にして―」[10]を挙げておきたい。スペースの関係で引用はかなわないが、教授者自身が授業の準備の段階でこの二つを読み、「楚漢の抗争」のポイントを心得ておくことは有意義なことであると思われる。

江連や青木の文章は「楚漢の抗争」全体の言わば見取り図だが、それをふまえた上で、細部に目を移してみよう。これほどの定番教材なので、読みや解釈に問題点はなかろうと思われるかもしれないが、そういうわけにはいかない。「鴻門之会」という事態を引き起こす原因となった次の場面を例に引く。

沛公左司馬曹無傷、使人言於項羽曰、「沛公欲王関中、使子嬰為相、珍宝尽有之。」項羽大怒曰、「旦日饗士卒。為撃破沛公軍。」

曹無傷からの告げ口を聞き、項羽は怒って「旦日饗士卒。為撃破沛公軍。」と言う。これを、教科書では「旦日士卒を饗せよ。沛公の軍を撃破することを為さん。」と読む。

倉石武四郎は『中国古典講話』(11)の中でこの文章に対して次のような見解を述べている。

「この文で為撃破沛公軍という為の字はどういう意味か、はっきりした注釈もありませんが、あるいは現代語の gěi のような意味ではないかとおもわれます。そのためいちおう wèi とよんでおきます。」

では次に中国の現行版の高校教科書「語文1」(12)の、この部分の「為」の注を見てみよう。

「為（wèi）介詞、替、給。後省賓語〝我〟（項羽自称）。（原文の漢字表記は簡体字）」

「為」は前置詞の「替」や「給」に相当し、後に目的語の「我」（項羽の自称）を省略してあるという注である。倉石の言う「gěi」は「給」のこと。つまり中国の教科書の見解は倉石のそれと同じである。確かに「為撃破沛公軍」の「為」を動詞「為す」とし、その後にくる「撃破」を目的語としてわざわざ「撃破することを」と読むのは無理がある。そのような意にするのなら「撃破沛公軍」（沛公の軍を撃破せん）で十分である。倉石及び中国の教科書の見解に従えば、「為」は「wèi」（為す）という動詞には読まず、「wèi」（為に）と読むことになる。

「旦日饗士卒、為撃破沛公軍。」（旦日士卒を饗し、為《ため》に沛公の軍を撃破せよ。）

と読み、「翌朝、兵士どもにごちそうを食べさせて（意気を挙げ）、我がために沛公の軍を撃破せよ」とでも解するのが妥当なのではなかろうか。これと同様の解釈としては田中謙二・一海知義『史記　楚漢篇』(13)の解釈がある。

では「楚漢の抗争」のクライマックスともいえる「四面楚歌」の実践例を検討してみよう。

取り上げるのは中井光の実践例（京都教育大学附属高校での実践(14)）。中井の実践例は、全国漢文教育学会大会（第十五回大会）の公開授業（一九九九年六月五日）のものである。筆者もその授業を参観している。中井の実践例では「教材観」・「指導観」・「生徒観」がかなりのスペースをとって書き込まれ、そこに実践の基本姿勢や方法も述べられている。次に中井の三つの観点の概略を摘録して示し、それにコメントを付す。

教材観

1　生徒の心を惹きつけるだけの要因は、すでに教材そのものがもっているわけであるが、一方で惹きつけられるだけの理由を生徒側も十分もっていると授業者は考えている。その接点に「漢楚の興亡」を取り扱う目的を置きたい。ここでは「人の生きざま」に重きを置いて授業を行いたい。

2　授業の最初に、生徒個々にあえて登場人物一人にしぼって、授業終了時に人物論を論じさせる課題を与えたが、どの登場人物にしぼったとしても、それなりのものを期待できるだけの生き生きとした描き方を司馬遷はしていると考える。

3　「漢軍及諸侯兵囲之数重。」の記述は、想像を絶するものがある。視覚的な部分についての記述はないが、とりでから周囲がまったく見えないということはないであろうし、仮に見えたとしたら、地平の果ての果てまでが漢軍のともす明かりに埋めつくされていたことは想像に難くない。項羽を驚かせた楚歌も、それが漢軍の心理作戦のひとつと考えれば、この兵数を前提に実際にどのように聞こえたのかを想像する必要がある。

4　項羽が、最後の酒宴に歌う歌は翌日に最期を迎える名将のまさに人生の極まる瞬間を歌い上げる。「力抜山」「気蓋世」と自分で歌うにふさわしい意気・力を持ち合わせた彼が、初めて弱みを見せる。
教材が魅力的なのは惹きつけられるだけのものをすでに生徒側が持っているからである、とする1の発想は注目に値する。この視点は従来の授業実践を一変させ、新しい授業を切り拓く糸口となるのではないだろうか。生徒にそれぞれ登場人物を一人選ばせ、その人物を論じさせるという2の課題は、焦点を一つきちんと合わせて物事を追求するという訓練になるだろう。3の、楚軍にとって、垓下を包囲する漢軍はどのように見えたのか、聞こえてくる楚歌はどのように聞こえたのかという問題提起は、生々しい臨場感を生徒に与えよう。4の、項王が初めて見せる弱みを生徒に気づかせることは、項羽という人物を考える上で欠かせない。

ただし、項羽が「翌日に最期を迎える」というのはあたらない。「項羽本紀」は項羽が垓下から烏江までに要した時間を明記しないが、項羽は夜囲みを破って南下し、淮河を渡り、陰陵を通過し、道に迷って大沢で右往左往して東城に至る。そして迫り来る漢軍と戦いを繰り返してやっとのことで烏江の渡し場に着く。垓下から烏江までは直線距離でざっと二百キロ、東城を迂回する道を通れば倍近くの距離になるだろう。どんなに急いでも数日を要したはずである。後世のモンゴルの騎馬軍団は一人の騎馬兵が七、八頭の馬をともない、その馬を乗りつぶして高速で移動したというが、一日に移動できるのはせいぜい七〇キロほどである。馬は車と違い、生きものである。休息なしには走れない。なお、この項羽の敗走ルートをたどる報告としては、平井徹「垓下から烏江へ」[15]、菊地隆雄・渡辺雅之「『史記』項羽本紀」[16]を参照されたい。

では中井の指導観を見てみよう。

指導観

1　教材を通して「いかに生きるか」を考えていくためには、登場人物の諸相を表現の裏にまで範囲を及ぼして捉えていくしかない。単に口語訳や文法事項の学習にとどまっては漢文嫌いを増やすだけである。大きな問題をストレートに聞くのではなく、考えやすい問いかけを工夫することが大切である。

2　「四面楚歌」では、場面の情景をリアルに思い浮かべることが大切である。兵力の差の具体化、実際に見えている光景、聞こえてくる歌声、可能な範囲で想像することが必須である。

3　「楚歌」そのものについては、真偽のほどはわからぬにしても、漢軍方の策略では?という視点はぜひほしい。いかに寝返った者があったにせよ、項羽を驚かせるほどの声量を確保するのは難しいであろうし、捕虜の楚兵がことさらに項羽を落胆せしむる歌い方をするとも思えない。

4　項羽の歌については「騅不逝」に「思い通りにことが進まぬ」嘆きの気持ちがこもっていることを明らかにした上で、詩意が自己の現在の境遇を時運の不利に帰していることを確認する。これまでの学習から、あながち「時運の不利」のみが敗因であったとは考えにくいことに気づかせる。

5　この授業における一番の中心は「項羽の涙」である。彼がなぜ涙を流したのか、率直な意見をもとめる。単に自己の悲運を嘆いてとか、虞美人のことを思ってのこと程度に留まらぬよう、生徒の答えに応じて問いかけを変えて、深い読み込みを期待したい。

6　音読については、斉読と範読を行う。生徒は漢字を見ずに漫然と教科書を眺めながら、教師の範読をオウム返ししがちである。これでは訓点を頼りに読む力もつかず、語句の読みや文の構造を意識することもない。従って斉読の際には必ず注意を喚起し、重要な語句や基本的な文構造等、必要とあれば読みを中断してでも指導する。範読は漫然と聞くのではなく、内容把握を目的とするもので、初見の文章を読み解く力をつけるためのものである。

1には中井の実践の基本姿勢が記されており、それは2～5までの問題設定の際に具体的に示される。ただし、3の「楚歌」については当時の漢軍の実態を客観的に見てみる必要がある。この「楚歌」の解釈については、「夜聞漢軍四面皆楚歌、項王乃大驚曰、漢皆已得楚乎。是何楚人之多也。」という記述から、

① 漢軍が楚の地をすべて占領し、楚の人々が兵士として漢軍に取り込まれ、その楚の人々が歌っている。

② 楚軍に①のように受け取らせるために、策略として漢軍が仕組んで歌わせている。

という両様の解釈が通常行われる。中井の解釈は「真偽のほどはわからぬにしても」とことわってはいるが、②の「漢軍の策略」という立場である。「捕虜の楚兵」では、「声量の確保」や項羽を「落胆」させる敵意を喚起させ難いという理由からである。

しかし、劉邦は垓下の北の沛の出身、また垓下を包囲している漢軍の主力軍である韓信は垓下の東の淮陰の出身。そして項羽は垓下のすぐ東の下相の出身。いずれもこの地域、黄河から淮水付近までの、いわゆる「西楚」の人たちなのである。劉邦の軍を漢軍と称するのは劉邦が漢中の王になったことからくるもので、劉邦自身は「西楚」の人である。項羽も劉邦も韓信も、転戦を繰り返しながら様々な地方の人々を兵士として自軍に取り込んでいったであろうが、その中核にいるのは「西楚」の人である。したがって、韓信の軍や劉邦の軍で自然発生的に「楚歌」が歌われることにはなんの不思議もない。この「四面楚歌」の部分、教科書が用いる「項羽本紀」の「夜聞漢軍四面皆楚歌、項王乃大驚曰、漢皆已得楚乎。是何楚人之多也。」には項羽の驚きが強く伺えるが、「高祖本紀」には、「項羽卒聞漢軍楚歌、以為漢尽得楚地。」（項羽卒《にはか》に漢軍の楚歌するを聞き、以為《おも》へらく、「漢尽《ことごと》く楚の地を得たり。」と。）とあり、もはや項羽は事態を冷静に認識しているかのようである。（「卒」は「兵卒」と解するものもあるが、「『史記

會注考證』では他本から考えて「夜」の字の間違いだろう、とする。ここでは一応「卒に《にはか》」と読んでおく。）

『史記』を読む時には他の関連の部分の記述とつき合わせていくことが必須の作業となるが、ここは、垓下に立てこもる楚軍全体（項羽も兵士も）が、漢軍の中から聞こえてくる「楚歌」に衝撃を受け、がっくりきているということであろう。寝返った者もいたはずである、策略もあったかもしれない、要は敵軍に我が同胞が満ち満ちているということである。「楚歌」を聞いているうちに、我が軍の不利を自覚するだけではなく、なぜ同胞同士が争わねばならぬのかという無念さと絶望感さえ兆すことがあったのではないだろうか。ここには教室でもっと掘り下げることのできる可能性が残されている。５の「項羽の涙」の理由を考えさせ、「生徒の答えに応じて問いかけを変えて、深い読み込み」を誘うというのは、教材の核心把握に直結する設問と指導法であると思われる。６の斉読と範読についてはまったく同感。

次は中井の生徒観である。

生徒観

項羽が相手取ったものは天下であり、思わぬ宿敵劉邦であった。しかし生徒達が相手取るものは一体何だろう。途方もない敵は社会であるかも知れぬし、目の前にいる嘘つきに見えてしかたのない大人たちかもしれない。あるいは何より手強い敵は自分自身かもしれない。授業者がこの教材をもって彼らに求めるものは、そこにあらわれる人物の一人ひとりが「いかに生きたか」を見ることである。そして考えることである。自分自身を省みることである。そこをはずしては、高校生のこの時期にこの教材を扱う意味を、今は考えない。

この教材にあらわれたそれぞれの人間は「いかに生きたか」。それに思いを致し、自分自身を省みることが、ひいては自覚的に生きることにつながる。そして、そこにこそ、この教材の学習意義があると中井は言っている。

中井の実践報告には、この後に次のような「本時の展開」がある。

①本文を斉読する。
目的は難しい読みの漢字をチェックすることと、返り点・送り仮名に従って本文を読む力をつけること。

②授業者が範読する。
目的は内容の大意を把握すること。漢文の構造を意識しながら聞くことも大切。

③項王軍壁垓下。兵少食尽。漢軍及諸侯兵、囲之数重。
両軍の兵力を示した上で、夜どんな光景が広がっているのか、リアルに想像する。

④夜聞漢軍四面皆楚歌、項王乃大驚曰、漢皆已得楚乎。是何楚人之多也。
「実際のところはどうして四方から楚歌が聞こえてきたのだろうか」と含みをもたせた問いかけをする。

⑤項王則夜起、飲帳中。有美人、名虞。常幸従。駿馬、名騅。常騎之。
項王がなぜ酒宴を開いたのかを問う。

⑥於是、項王乃悲歌慷慨、自為詩曰、力抜山兮気蓋世　時不利兮騅不逝　騅不逝兮可奈何　虞兮虞兮奈若何
（騅や虞を）実際にどうしたらいいのか問いかけてみる。どうしようもないのだということがわかった上でこの表現が反語表現なのだということを理解する。

⑦歌数闋、美人和之。項王泣数行下。
項羽がなぜ涙を流したのか、考える。これまでの項羽に対するイメージを思い浮かべさせた上で、表面的な理解にならないように注意し、自由な鑑賞を行わせる。

⑧左右皆泣、莫能仰視。
　左右の者たちがなぜ項羽を仰ぎ見ることができなかったのかを考える。
⑨内容を整理した上で、個々に思いを抱きながら、改めて斉読する。

各項目の後の中井の説明はスペースの関係で一言のみの紹介とさせていただいた。先に挙げた「教材観」・「指導観」・「生徒観」の三観点の検討と合わせ読めば、中井の授業の進め方は理解していただけるものと思う。

この他の実践例としては、吉田裕久他八名の「確かな学力の育成—国語基本教材の授業アプローチの方法『史記』（司馬遷）の場合—」[17]（広島大学附属高等学校）に触れておきたい。ここには学習の前後に生徒からアンケートをとり、それを分析したものが載せられている。同校での長年の取り組みを基に、多方面からの考察が加えられ、さまざまな実践の可能性へと誘う密度の濃い報告である。

ここでは「アンケートから導かれること」とその分析の結論のみ摘録する。

○アンケートから導かれること（**授業に当たって押さえておきたい点**）
①断片的な場面を扱うのではなく、ときには現代文で繋ぐなどの工夫をして、全体像の見える構成にする。
②生徒を惹きつける表現を含む部分は、原文のまま読ませる。
③訓読・書き下し文についてはたしかに身につけたほうが理解が深まる。だが、技能の習得が目的化しないよう配慮しつつ、長くて魅力的な作品に取り組むことで、結果的に習得できるように工夫する。
④生徒自身が全体を振り返る場面を作ることで、理解を深め、学習の手応えと意欲を引き出すようにする。

○アンケートとその結果の分析を通して見えてくるもの

『史記』学習における「確かな学力」の核になるのは、教材文の叙述に見られる、叙述そのもの・物語内容・語り、それぞれのレベルでの「評価（価値付け）」に着眼して、それに反応する力である。

「全体像の見える構成」にすることとは「荊軻」の中村の実践と同じ。ここぞという場面は必ず原文で読ませる。そして、振り返りを十分に取り、理解はもとより、学習意欲を引き出すことに努める。分析の「それに反応する力」とは、報告中の言葉を借りれば「そのことを吟味・検討できる力」である。また、分析中の「語り」については、宮崎市貞に「身振りと文学」[18]という必読の文章がある。これは「鴻門の会」を、身振りを伴って話された語り物ととらえて解説したもので、今やこの分野に関する文章としては古典的な位置を占めている。

この他に『史記』と『楚漢春秋』（『史記』の記述の原典資料の一つ）の比較を論じた寺門日出男の「『史記』〈鴻門の会〉について」[19]や『漢書』との比較を論じた坂口三樹の「〈鴻門の会〉にみる『史記』の文体的特徴」[20]はぜひ目を通しておきたい文章である。

三　授業デザインの視点

史伝の授業作りの留意点を二つ取り挙げてみよう。

1　レトリックの効用

一定の長さを持つ史伝の文章においてはさまざまなレトリックが用いられる。中でも注目されるのは対句的な表現である。これまでの実践例においても、文章を引き締め、軽快さを演出する役割については指摘があった。しかし、史伝の文章においては語句レベルのこうしたリズミカルな効果を出す役割にとどまらない。対句には内容を理解する鋭い武器という効用がある。まず「四面楚歌」の対句を例に取ろう。

①有美人、名虞。常幸従。（美人有り、名は虞。常に幸せられて従ふ。）

②　駿馬、名騅。常騎之。（駿馬あり、名は騅。常に之に騎す。）

②は最初の「有」を省略してあるが、一見してわかる対句である。この「有」の省略は、訓読では送り仮名で処理し、補充してある。したがって中国語で読む時のように①と比べて一音足りないという感もなく、まったく同じ口調になる。この①②は表面的には虞美人と駿馬の騅を描いたものだが、実は項羽その人の生活を描いている。①は平時の項羽であり、②は戦時の項羽である。項羽の実像に迫るには、できるだけ多くの異なった項羽像を多面体として描けばよいのだが、それには自ずと限界がある。それに対してこの対句は、たった二つの場面を描いているだけだが、項羽のもっとも典型的な生活を摘出して、項羽の生涯や人生をも想起させる。対句表現が単なる文章表現の修辞法ではなく、文章の内容に切り込む刃になっている。

この対句的な表現は、内容の構造にも及んでいる。「鴻門の会」の宴会の場面における楚漢双方の動きなどがよい例である。目配せをしたり、玉玦を挙げても項羽に黙殺された楚軍の参謀范増は、外に出て項荘を呼び寄せ、宴会場で剣舞をさせる。一方漢軍の参謀張良は、沛公に迫る危機を知らせるべく外に出て、樊噲を中に入れ、大杯の酒を一気呑みさせ、豚の生肉を啗わせる。両参謀の動き、項荘と樊噲のパフォーマンス、それを座からじっと見つめる項羽と沛公。対句のレトリックが内容の構造にまで及んでいる。史伝の授業では単に語句の対応というレベルではなく、長いスパンで対句を掬い取り、それがどのような役割を担っているかに注目する必要がある。

2　歴史的事実と文学的な面白さ

故意に作ろうとしなくとも、書くという行為には創作が入り込む。史伝にしてもそれは免れない。記録も一つの作品と言われるゆえんである。しかし、史伝に記されていることがすべて創作されたものというわけではない。歴史的事実にも、その事実をより普遍的な「真実」として読者に伝えるために創作の手が加えられることがある。史伝を教材として扱う場合は、教授者がこの点をきちんと認識しておくことが必要である。劇的な効果を上げるために施された誇張や時系列の無視に異を唱え、その正確さを延々と問題にして授業に時間を費やすのはあまり意味がない。むしろ興味は、なぜ作者はそのような表現をとったのか、また、とらなくてはならなかったのかというところに向かわなくてはならない。史伝の学習においては、その記述から歴史的事実を知ることも、文学的な面白さを味わうことも可能なのである。

歴史的事実を確かめたり、古代の風習や生活一般を知るためには、最新の中国歴史研究に対する興味が欠かせない。国語の教員は専門の史家ではないので、論文をいつもリサーチするなどということはできない。しかし、各種出版されている『中国の歴史』や林巳奈夫の『中国古代の生活史』[21]などはいつも座右に置きたいものである。

最後にエピソードを一つ。朱子は『大学』と『中庸』を毎朝十回朗読したが、史書は二十歳を過ぎるまで意識的に遠ざけた。歴史的事件の生起に心が奪われ内面の凝視がおろそかになるからであったという。一方頼山陽は『日本外史』を書く時に毎朝「項羽本紀」を朗唱し、大いに力を得たという。両者のベクトルは一見したところ逆だが、どちらも「面白さ」を強く意識しての行為である。やはり史伝は「面白さ」によって輝きを発している。

文献

「塞翁馬」について

（1）村山敬三（二〇〇六）「『塞翁馬』教材研究」（実践校・新潟県立柏崎高等学校）（『新しい漢字漢文教育』第四二号、研文社）

（2）渡辺雅之（一九八九）「故事成語による入門・発展」（実践校・東京都立上野高等学校）（『月刊国語教育』第八巻第一〇号、東京法令）

（3）漢詩・漢文教材研究会編（一九九五）『漢詩・漢文解釈講座第十五巻「故事・寓話Ⅰ」』昌平社
（4）陳広忠（二〇一二）『淮南子　陳広忠注　中華経典名著全本全注全訳叢書所収』中華書局
（5）森野繁夫（一九八七）『漢文の教材研究　第一冊　故事成語篇』溪水社

「荊軻」について

（6）中村陸子（二〇〇六）「『荊軻』を読む」（実践校・京都市立堀川高等学校）（『漢文教室』第一九二号、大修館書店）
（7）菊地隆雄（一九九四）「漢文の世界へ誘う史伝の指導」（『国語教室』第五一号、大修館書店）
（8）竹田晃（一九九五）「文学としての『史記』」（『しにか』ＶＯＬ６／ＮＯ４、大修館書店）

「楚漢の抗争」について

（9）江連隆（一九九四）「『史記』の特質と指導」（『漢文教室』第一七九号、大修館書店）
（10）青木五郎（一九七五）「『史記』教材の扱い方―『漢楚の興亡』を中心にして―」（『漢文教室』第一一三号、大修館書店）
（11）倉石武四郎（一九七四）『中国古典講話』一七〇頁、大修館書店
（12）「普通高中課程標準実験教科書　語文１」二二頁、人民教育出版社、二〇一四
（13）田中謙二・一海知義（一九六七）『史記　楚漢篇』新訂中国古典選、四五頁、朝日新聞社
（14）中井光（二〇〇〇）「公開研究授業報告―第一五回全国漢文教育学会大会―」（実践校・京都教育大学附属高校）（『新しい漢字漢文教育』第三〇号、研文社）
（15）平井徹（一九九八）「垓下から烏江へ」（『新しい漢字漢文教育』第二七号、研文社）
（16）菊地隆雄・渡辺雅之（二〇〇八）「『史記』項羽本紀」（『新しい漢字漢文教育』第四六号、研文社）
（17）吉田裕久他（二〇一一）「確かな学力の育成―国語基本教材の授業アプローチの方法『史記』（司馬遷）の場合―」（実践校・広島大学附属高校）（『広島大学　学部・附属学校共同研究機構研究紀要』、第三九号）
（18）宮崎市貞（一九六五）「身振りと文学」『中国文学報』第二十冊（初出は上記の文献だが、『史記列伝抄』国書刊行会などで見るのが便利。）
（19）寺門日出男（二〇〇五）「『史記』＜鴻門の会＞について」『漢文教育の諸相』大修館書店
（20）坂口三樹（二〇一二～二〇一四）「＜鴻門の会＞にみる『史記』の文体的特徴（上～下）」（『漢文教室』第一九八号～二〇〇号、大修館書店）
（21）林巳奈夫（一九九二）『中国古代の生活史』吉川弘文館

第三章　漢詩教材を用いた授業実践

阿部正和

一　学習の目標

漢詩は東アジアの漢字文化圏に共通する文学として、長く読み継がれてきた歴史を持つ。また平成二〇年度に告示された学習指導要領の施行により、小中高全ての教科書に採録されることとなった。しかし中高の教材として取り扱う際には、考えなければならないことがいくつかある。そこで以下では、漢詩の授業を行うにあたって、教員が心がけたいことを述べる。

1　教材選択について

教科書に採録されている漢詩教材は、固定化され、詩の形式やテーマ別に構成されている場合が多い。だからといって教員が教材研究の時間を節約するために、毎回同じ漢詩ばかり取り扱う、また各形式やテーマから有名なものを一首ずつ選ぶ、などということはできるだけ避けたい。つまり授業を通して、学習者に漢詩に対する知識や教養を身に付けさせて終わりとするのではなく、その先をどうするのか、ということを考えなければならないであろう。

2　単元づくりについて

教科書に採録されている漢詩のテーマは、「自然」「愛情」「友情」「別離」などである。これらのテーマは、学習者にとって理解しやすいものもあれば、理解しにくいものもある。そのため教員は、現代との共通点や相違点を挙げたり、学習者に古人のものの見方、感じ方、考え方に触れさせる実践を行うのだが、一つの漢詩の精読だけでは限界がある。そこで授業では、複数の漢詩を用いて、学習者がテキストと対話し、自らの認識を拡充・深化できるような単元づくりを目指したい。

3　漢詩を読むことについて

漢詩は、短い定型で作品が完結している。そのため語法的なことを苦手とする学習者にも、抵抗は少ないと考えられる。しかし文字数が少ないからこそ、語間や句間の意味を読み取らなければ、作品を十分に理解することができない。したがって丁寧に漢字一字一字の意味をおさえる必要があるが、これについては、できるだけ学習者自身に漢和辞典をこまめに引く習慣を身に付けさせたい。また対句表現の効果や起承転結といった論理的構成を考えさせることも必要であるが、これらは新学習指導要領で加えられた目標である「学習者の想像力を伸ばす」ことにつながってくる。そこで教員は、学習者が根拠のない自分勝手なイメージを持たないように留意しながら、その想像力を伸ばすことを意識した授業を行っていきたい。

また漢詩を読むことを別の視点で見ると、その訓読は一種の翻訳であるため、語法的に誤りがなければ、教科書とは異なる学習者の訓読を認めてもよい。そしてこれを発展させれば、新しい訓読や翻訳をしたり、訳詩を作ったりする創作活動につなげることができる。漢詩の授業はややもすれば、教員が作者や詩の背景を説明し、その形式と押韻をおさえ、書き下し文、口語訳を確認し、ポイントを解説する、といったパターン化された授業になりがちである。そこでそれを避けるために、ただ読むだけではなく、時には言語活動を取り入れて学習者を主体的に動かす工夫を行いたい。

以上、漢詩の授業を行うにあたって教員が心がけたいことを述べてきた。次節では、複数の漢詩を用いて単元づくりをし、そこに創作や発表を取り入れることによって、学習者を主体的に動かしている実践例を見ていくが、その前に漢詩を読むことに対する安藤信広（一九八九）の考えを紹介しておきたい。安藤は、漢詩を「人間の言葉として、おなじアジアに生きるものの言葉として、またふるくから日本語の中に根をおろして生きてきた言葉として、私たちの心のなかに息づいて」いるものとし、それを大切にし、『万葉集』や現代詩などを読むように読みたい、とする[1]（四～五頁）。これは漢詩を「中国の古い詩」として読むのではなく、地域や時代を越えたテキストの主体の生の記録として読むことの重要性を述べている、と稿者は考えており、これに賛同し目指していきたいと思う。

二　授業実践

1　谷口　匡「音読から創作へ　京都小学校における『ランゲージ』における漢詩の授業」

（1）実践の概要

京都小・中学校では、キャリア教育との関連から、「学習のさまざまな場面において、生徒自身による学びの自己評価・自己決定・選択を取り入れる」ことを特色とした「ランゲージ」という教科が設定されている。この教科は、国際社会における適切なコミュニケーション能力、日本語の言語文化を通じた深い言語感覚の二つを育成することを目標とするが、谷口は漢文の授業で求められているのは後者であるとして、本実践では第六学年を対象に、漢詩の音読と創作を行っている。

授業計画（各回四十五分を一時限とする二時限連続の授業）

第一回　ゲストティーチャーによる漢詩の紹介
第二回　班別での漢詩の音読練習とその中間発表会
第三回　漢詩音読の発表会と漢詩創作の導入
第四回　漢詩創作とその発表会

第一回の授業では、学生十数名がゲストティーチャーとなり、十首の漢詩（孟浩然「春暁」、李白「静夜思」、蘇軾「春夜」、王維「鹿柴」、賈島「桑乾を渡る」、杜甫「絶句」、王之渙「鸛鵲楼に登る」、釈月性「将に東遊せんとして壁に題す」、石川丈山「富士山」、元政「虹」）を訓読で紹介する。その際、テキスト（一ページに一首とし、一首ごとに全文にルビをふった書き下し文、原文、口語訳、挿絵をつけたもの）を児童に配布するが、黒板には墨書した漢詩の原文を貼っておき、それを見ながら紹介を行い、児童にもあとについて音読させる。また中国人留学生らが、五首ずつ中国語の発音でも読み、その際、児童に押韻の位置を教え、音の響きを感じ取ってもらうようにする。

第二回の授業では、一班の人数が四、五名になるように九班に分け、班ごとにゲストティーチャーがつき、漢詩を読む練習をさせる。その際、それぞれの漢詩をよく理解した上で、その漢詩にふさわしい読み方を練習するように指示している。結果、児童の感想に「『絶句』っていう1つの詩を本格的にして風景を想像して読んで楽しかった」などというものが見られ、谷口は、音読することで漢詩の世界に少しずつ入り、親しんでいる様子が感じられた、とする。

第三回の授業の前半では、音読の発表会を行う。読み方としては皆で一斉に読む班、一人一句ずつを読む班、部分部分でその両方を組み合わせた班などいろいろなパターンがあった。そして「私は「春暁」を読んだんだけど、2行目を読みました。静かな感じで読もうと思って読みました」などと、ただ読むのではなく、その詩の雰囲気を伝えようとする意図をもって取り組んだ児童が見られ、これが今回の大きな成果だ、と谷口は考えている。

第三回の授業の後半では、創作授業の導入を行う。その際、創作テキストを用いるが、これは七言絶句を作るためのもので、簡単にルールをまとめた「漢詩（七言絶句）のきまり」、平仄の図式、三十四頁に及ぶ詩語表から成る。詩語表は、「○●孤客「孤客《こかく》」孤独な旅人。」「●●早発「早《つと》に発《はっ》す」朝、出発する。」などと、小学生でも使えるよう、すべての詩語に平仄だけでなく訓読と意味も併記し、訓読にはすべてルビをふり、意味もできるだけ平明に噛み砕いておく。そしてこの表から言葉を選び、平仄の図式に合うように当てはめていくだけで、小学生でも漢詩が作ることができるようになっている。感想には、創作を難しいとするものがある反面、意外に簡単で面白い、言葉選びが楽しい、と感じる児童も少なくなく、谷口は、後者のような感想がでてくる上で重要なのは、最初の音読の時にしっかりと漢詩の世界に浸ってもらうことで、それがあってこそ漢詩を自分で作る喜びも生まれるのだ、とする。

第四回の授業では、班ごとに漢詩を完成させ、発表させる。画用紙を短冊状に細長く切ったものを用意し、児童は自分が作成した一句を書き、それを四枚並べれば一首の絶句ができあがる。谷口は、この四人で一首という共同制作の方法は、作詩の方法としては邪道かもしれないが、小学生が限られた時間の中で漢詩を作るのには有効な方法である、とする。また詩としての内容の統一性の点で一人で一首作るのには及ばないが、グループの中で互いの句を見せ合い、話し合いながら推敲していくのも、学習の中に自己決定・選択を取り入れるという「ランゲージ」

の目的にかなっている、と言う。そして児童自身による詩の紹介のあとには、聴衆に感想を求める代わりに、その班について指導したゲストティーチャーが詩の全体を見通したコメントをつけ、このようにすることによって、聞く側の児童も改めて作品を味わうことができ、制作側の児童も自作の詩に対する一つの評価を聞くことができるように配慮している。結果、児童は、漢詩の規則を煩わしく思いながらも、それを克服して作る楽しさを感じており、また「戦争」や「秋」といったある一つのテーマで統一感をもった作品を作ろうと努力した姿も見受けられた、とする。ここで小学生の作った七言絶句を一首のみ挙げておく。

春日

孤雲光彩為誰来　孤雲　光彩　誰が為にか来たる
遅日中庭嗅野梅　遅日　中庭　野梅を嗅ぐ
三月故郷春気暖　三月　故郷　春気暖かなり
桃花相見鳥飛廻　桃花相見る　鳥　飛び廻るを

ぽつんと浮かんだ雲、あでやかで美しい光は、誰のためにやってくるのだろう。長い春の日、私は庭の中ほどで野に咲く梅の香りをかいでいる。この三月ふるさとは春の気はいが暖かい。桃の花は鳥がとびまわるのをじっと見ている。

(2)　本実践の優れている点

本実践の特色について、谷口は以下の三点を挙げる。

第一に、「ランゲージ」という独自の枠組みでおこなっていること。すなわち単に言語の力を伸ばすのではなく、自己評価・自己決定の能力を同時に育もうとするものでもある。

第二に、漢詩の音読はただ声に出して読むのではなく、漢詩の世界に親しむことを目的として、内容にもできるだけ深く触れるようにしていること。

第三に、音読のみにとどまらず、作詩も行い、創作の面からの漢詩の面白さの発見にも努めていること。

（五七～五八頁）

第一は京都小学校ならではの取り組みであるため、以下では第二、第三に関することを中心に述べたい。

まず第二について。『小学校学習指導要領解説　国語編』（以下、『解説』）では、第五学年及び第六学年の「C読むこと」（2）内容①音読に関する指導事項において、音読と朗読の違いを「音読が、文章の内容や表現をよく理解し伝えることに重点があるのに対して、朗読は、児童一人一人が自分なりに解釈したことや、感心や感動をしたことなどを、文章全体に対する思いや考えとしてまとめ、表現性を高めて伝えることに重点がある。」とする。このように音読と朗読が区別されるのは、高学年からであるが、「静かな感じで読もうと思って読みました」という感想を見る限り、児童は漢詩を朗読する域にまで達していることがわかる。

次に第三について。『解説』では、「B書くこと」の言語活動例に「経験したこと、想像したことなどを基に、詩や短歌、俳句をつくったり、物語や随筆などを書いたりすること。」を挙げる。ここで漢詩を創作することは想定されていないが、本実践では、短歌、俳句と同じように凝縮した表現によって創作する楽しさを味わわせている点で優れており、これは児童が漢詩の特徴を一層理解するとともに、それらを更に読もうとする態度を養うことにつながると考えられる。また児童の作品の「戦争」「秋」「春」といったテーマは、中高の教科書に採録されている漢詩によく見られるものである。したがってこの経験は、中高で学習する詩のそれぞれのテーマを、テキストの主体がどのように表現しているのか、ということを考察する際にも活かすことができるであろう。

2　山田和大「想像力の向上を目指す授業―対句を素材として―」

（1）実践の概要

高等学校学習指導要領の改訂に伴い、その目標に「想像力を伸ばす」ことについての記述が加えられた。これをふまえ山田は、国語科の中で根拠に基づいた想像力を育成するための手段として、漢詩を利用することが有効であるとし、その利点を五つ挙げている。

1　漢詩・漢文を構成する、一字一字の漢字そのものにイメージを喚起する力がある。
2　とくに漢詩は、ことばや句を対にすることで、世界をふくらませる構造を持つ。
3　誇張表現など、読む側に想像力を要求する表現が多い。
4　現代文、古文と比べ、学習者にとっての「未知」の領域が多い。
5　英語などの外国語のように、完全なる「未知」ではなく、漢文訓読によって「既知」の日本語の領域に近づけることができる。（三〇頁）

そこで本実践では、2の対句に着目した授業の提案を行うが、山田は斯波六郎氏の論[2]をふまえ、対句の表面的な字句の対応を確認するだけではなく、それを根拠に対句全体に対する理解を深め、表面に現れた字句の奥にある世界を想像する必要がある、とする。そして対句に関してこうした説明ができるようになれば、うまく想像力が発揮できているということになるのではないか、と考えている。

単元の指導目標（対象　第一学年）

・辞書を引きながら漢詩を読解する態度を身につける。
・一字一字に注目して対句をじっくり読み解くことで、根拠を持った想像力を育てる。
・わかりやすい発表ができるようになる。

第一次（一時間）では、漢詩における対句を考える前の準備段階として、「対」の考えを利用して、漢語を読み解く作業を行う。その際、学習者が「対」という概念に触れることが初めてであることを予想したため、もっとも基礎的な「対」である「反対のもの」について考えさせることにし、「天地」、「日月」のように「対」になる漢語を列挙した上で、それらを「天地」と同じグループ（空間の広がりを表す）、「日月」と同じグループ（時間の長さを表す）、その他のグループに分ける作業を行わせている。そして最後に、「花紅柳緑」、「明鏡止水」といった四字熟語についても考えさせている。

第二次（四時間）では、漢詩のことばや作者を辞書や国語便覧で調べ、それをまとめた上で、それぞれの詩の対句について考えて文章化する作業を行う。その際、対句を「隣り合うことば同士が同じ品詞であるものを対句と言い、並べて考えると新しい世界が見えてくる」と定義した上で、柳宗元「江雪」、李白「静夜思」、李白「望廬山瀑布水」、高適「除夜作」、杜甫「春望」、杜甫「登高」の六首を扱っている。また作業は、辞書を徹底的に引かせる必要があることと、もし対句の説明があるものを生徒が見てしまったならば、自分で想像することを放棄する可能性がある、という考えから、授業時間にはあえて図書館を利用せず、教室で作業を行わせている。

この作業は、山田が予想していた以上に時間がかかり、辞書を引くことに慣れさせることと、対句によって作られる新しい世界の想像をさせることが、難航した点だとする。特に後者については、対句をもとに想像すること自体が困難な生徒と、想像したものを文章化することに悩んでいる生徒の二パターンのものがいた、ということを指摘している。

第三次（四時間）では、作成した資料をもとに発表（各グループ十五分以内、質疑応答五分、一時間に二班の予定、ただし律詩を担当した二班は一時間に一首）を行う。発表については、資料をそのまま読む生徒が多く、発表の仕方に関する指導を考えなければならない、という課題を山田は挙げている。また質疑応答については、語注や対句などに関する質疑はほとんどなく、作者の背景や、訳文に関する質問が多く出てきた、とする。

ここで山田が評価しているグループの「対句の読み」を挙げておく。詩は高適「除夜作」である。

高適「除夜作」

旅館寒燈独不眠　旅館の寒燈　独り眠らず
客心何事転悽然　客心　何事ぞ転た悽然たる
故郷今夜思千里　故郷　今夜　千里を思はん
霜鬢明朝又一年　霜鬢　明朝　又一年

読み（〈　〉内は山田の注。表記は原文ママ）

「故郷」と「霜鬢」は対になっている。故郷とは遠くに存在するものであり多くの人々がいる。それに対して霜鬢は、白くなったビンから自分の年をとった姿を表し、かつ一人だということを表している。二つのことを対比させて〈詩人自身が〉孤独ということを強強〈「調」の誤り〉している。

今夜と明朝は夜と朝を表し、対になっている。それにより、時間の経過を表している。

次に「思」と「又」である。「思」とは糸をイメージさせ、遠くの場所へと思いを届けることと、とてつもなく遠い距離を表す。

最後に大きく「思千里」と「又一年」を考える。思千里は距離的に遠いことを表し「又一年」は一年という長い時間を多く重ねていることを表す。遠いことと年月を重ねていることを対にしていることになって故郷との大きな壁を感じる。全体を通して作者は、故郷に帰れない悲しみを感じている。

本実践を通して山田は、根拠を明確にさせることと、想像した世界をうまく表現することを両立させることは簡単でないため、その方略を考えていくことが課題だとしている。また漢詩には対句以外にも想像力を活用できることがたくさんあるため、それらを授業にどのように仕組んでいくかということも考えたい、と述べる。

⑵　本実践の優れている点

本実践は、調べ学習をして発表するという演習型の授業になっているため、学習者が受身の姿勢になっていない。また調べ学習をさせるにあたって教員を悩ますのは、学習者が参考文献をそのまま書き写して発表するということだが、山田はあえて図書館を利用しないことで、学習者自身に漢字一字一字に注目させて徹底的に辞書を引かせている点が優れている。

対句は漢詩の表現技巧の一つであるが、実際の授業や試験では、何句目と何句目が対句になっているか、などと表面的な字句の理解をして終わる場合が多いと思われる。しかし山田の言うように、二つの句を合わせた先にどのようなものがあるのか、ということを考えないと漢詩の読解としては不十分である。したがって学習者に、対句表現に着目させて、それを読み解き、想像させた本実践は、テキストの主体の「心」に迫るための一つの方策を示した、と言うことができる。

ただ学習者に自身が想像した内容をどのように文章化させるのか、また発表させるのか、という課題は残っている。しかし本実践の試みを発展させれば、畑村学（二〇〇四）[3]のように、詩全体の中で、対句がどのような働きをしているのか、ということを図式化し発表させるといったプレゼンテーションを取り入れた授業実践につなげていくこともできる。本実践は、第一学年を対象としたため、まだ初歩的な学習の段階にとどまっているが、今後様々な学習に発展させる可能性を持った実践である。

3　植田　隆「高等学校における漢詩教材を用いた学習指導についての一考察」

（1）実践の概要

田中宏幸（二〇一〇）は、「中学校・高等学校における古典（古文）の学習指導」における実践課題について、「古典とどのように出会わせるか」「作品を対象化し、「批評」の観点をもって見る経験をどのように作り出していくか」「複数の教材の組み合わせのなかで新しい授業づくりをするには、どのような単元づくりが適切か」という三点を挙げている[4]（一〇九頁）。これを植田は、漢文の学習においても、共通するものと考え、以下のように述べる。

第一の点については、「中国の古い詩文」という、古文よりもさらに縁遠いであろう漢文に、学習者を出会わせなければならないし、第二の点に関しても、古代中国と現代日本との共通点や相違点を見出すだけでは、学習者にとっては「なるほど」で終わってしまう。そうではなく、作品からの問いかけに対して応答していくという対話に学習者を参加させることで、自己への認識を深めていくことができるような授業を構想していきたい。そして、そのためにも第三に挙げられている複数の教材を組み合わせることが有効にはたらくと考えられる。（九四頁）

そこで本実践では、漢詩は、文字数が少なく、そこに含まれる句法なども比較的容易で、語法的な面で行き詰まってしまっている学習者にも、抵抗が大きくない、また、内容的にも、少ない文字数のなかで作者の思いが表現されており、学習者の興味関心を引き出すことが可能である、と考え、漢詩を用いた二つの実践を行っている。

訳詩をくらべて読む（対象　第一学年）

教材

漢詩六編　「秋夜寄丘二十二員外」（韋応物）、「勧酒」（于武陵）、「絶句」杜甫、「静夜思」（李白）、「春暁」（孟浩然）、「登鸛鵲楼」（王之渙）

それぞれの漢詩の訳詩

単元のねらい

漢文のテキストを利用しつつ、それとの対話に参加させる手段として訳詩を利用することで、学習者に漢詩の解釈の多様性や翻訳者の思想、受容のパターンに気づかせる（作品と翻訳者との対話を読み取らせる）とともに、それを端緒として実際に訳詩を創作することによって、自己への表現へとつなげ、漢詩というテキストに対し、学習者から応答させることをめざす。

単元の概要

第1次　導入　基礎知識の確認（〇・五時間）
第2次　展開Ⅰ「秋夜寄丘二十二員外」（韋応物）の訳詩の比較（一・五時間）
第3次　展開Ⅱ　グループごとの訳詩の比較（二時間）
第4次　発展　訳詩の創作（一時間）

訳詩例（杜甫「絶句」「江碧鳥逾白、山青花欲燃、今春看又過、何日是帰年」）

（A）①川の水は、碧玉のよう（に深緑色に澄ん）で、そのために鳥はいっそう際だって白く見える。
②山は新緑で、そのために花は（いっそう際だって）今にも燃え上がらんばかりに（赤く）見える
③今年の春も、こうして見ているうちに又もや過ぎ去ってゆく。
④一体いつになったら故郷に帰れるのだろうか。

（B）①きよき川面のかもめどり
②みどりの山にさつきもえ
③ことしも春はすぎてゆく
④くにに帰るはいつの日ぞ

（C）①錦江の水はみどり深く、その上に浮かぶ鳥の姿はひときわ白い。
②山々は青葉に包まれ、その間に燃えたつような紅の花が開く。
③……今年の春もこうして、見ている間に過ぎてしまうのだ。
④わがふるさとへ帰る年は、いつのことであろうか

（D）①錦江の水は深いみどり色に澄み、そこに遊ぶ水鳥はますます白くみえる。

②山の木は緑に映え、花は燃えださんばかりに真っ赤である。
③今年の春もみるみるうちに過ぎ去ってしまおうとしている。
④いったい、いつになったら故郷に帰れるときが、やってくるのだろうか。
（E）①江の水は深い緑色に澄み、水鳥はますます白く見える。
②山は緑に包まれ、花は燃え出さんばかりに真っ赤である。
③今年の春もみるみるうちに過ぎ去ってしまおうとしている。
④ああ、いつになったら故郷に帰れるときが、やってくるのであろうか。
（F）①江はふかみどりに澄み、その上を舞う鳥はひときわ白く、
②山はあさみどりに、その中に真紅の花が燃えんばかりに咲いている。
③今年の春も、みるみるうちに過ぎてゆく。
④いったいいつが、帰る年になるのだろう。
（G）①碧い江と白い鳥
②緑の山と燃える花
③結びの春が過ぎ去って
④わたしは故郷に帰れない

授業の反省

はじめに漢詩の読解を行わずに、いきなり訳詩を配布したのは、学習者に統一的な解釈を与えてしまうことを避けようとするねらいと、学習者自身が、個人やグループのなかで訳詩を比較することによって、訳詩の間の共通点と相違点を見出し、その共通部分をもとにして、もとの詩の「揺るがない部分」（枠組み）に気づか

せようという意図があった。しかしこの「揺るがない部分」を共有しなかったことで、学習者はベースとなる読みを得ないまま相違点を探すことからはじめることになり、そこに難しさを覚えていた。

教科書の唐詩観を探る（対象　第二学年）

教材

「宿建徳江」（孟浩然）、「鹿柴」（王維）、「秋風引」（劉禹錫）、「少年行」（李白）、「磧中作」（岑参）、「楓橋夜泊」（張継）、「登岳陽楼」（杜甫）、「破山寺後禅院」（常建）、「登高」（杜甫）、「八月十五日夜、禁中独直、対月憶元九」（白居易）

単元のねらい

・十編の唐詩を重ね読み／比べ読みすることで、学習者の古典に対する認識のパターンの拡充を図り、古典そのものの情報量を増やす。

・唐詩そのものとの対話／批評に加えて、それらを選択（編集）した教科書（及びその編纂者）に対する対話／批評を試みる。

単元の概要

第1次　導入　漢詩（近体詩）の基礎知識の確認と詩の基本情報の読み取り（二・五時間）

第2次　展開Ⅰ　教科書の唐詩観の読み取り（一・五時間）

↓「旅」と「自然」に偏っていることに気づかせ、編纂者の意図が介在していることを説明。

第3次　展開Ⅱ　比べ読みによる「旅」の諸相の読み取り（二時間）

授業の反省

・学習者の意欲を内容面への興味までもっていくために、あらかじめ現代語訳を提示したが、それだけではうまく機能させることができなかった。ただし、第2次・第3次を行う際に、現代語訳が学習者にとって大きな助けとなった。

・第3次の最後に「旅」の諸相を考えさせた際に、学習者は「自然という大きな存在に比べ、自分はとても小さな存在だと思わされ、愁いている」などといった点を指摘したが、自然と自分の置かれた状況を対比するまででとどまってしまった。

②本実践の優れている点

植田は、本実践によって、学習者にわずかながらではあるが、テキストを批評的に読むという経験を与えることができた、と述べ、そのうえで、学習者が作品との対話を通して自己の認識を拡充したり、あるいは「自己の問い直し」にまで到達することができるような単元を構成するためには、学習者がいま持っている認識を揺さぶるような教材や問題を設定することが求められている、とする。

例えば平成二十五年度より新課程となった「国語総合」（九社二十三種類）の教科書には、三十八首の漢詩が採録されているが、そのうち三十一首は旧課程と同じ作品であり、教材はほぼ固定されていると言ってよい。したがって教員は、この固定化された教材をどのように取り扱うのか、ということを今後考える必要がある。そのような状況の中で、今回の植田の、訳詩を利用しながら、翻訳者や編纂者の解釈／翻訳の有り様を読み取らせた実践は、斬新なものであったと言うことができる。

また「教科書の唐詩観を探る」実践では、教科書に収められている詩が、「旅」と「自然」に偏っていることを学習者に気づかせているが、これは教員にとっても重要な気づきである。なぜなら教材が固定化し、なおかつその内容に偏りがあるということは、学習者にとって唐詩を読むことが、限られた世界にとどまってしまうからである。このことについては、出典となることが多い『三体詩』『唐詩選』『唐詩三百首』などの編纂過程、そしてこれらが日本に伝わり、どのように読まれてきたのかということ、さらに教科書に採録される唐詩の教材としての歴史や意義など、考えなければならない問題が多く、すぐに何らかの対策を立てられるものではない。ただ植田は第4次として、教科書で示された唐詩観を理解した後に、学習者自身の唐詩観を拡充する、具体的には、漢詩のアンソロジーを創作させる、ということも計画していた、と言う。そしてこの作業により、学習者が教科書に収められているもの以外にも多数の漢詩を読むことになり、さらにそれらの多くの作品のなかから自分の意図に沿うものを選択していく過程で、作品を批評的に読む視点を手に入れることができる、とする。時間の関係で難しいと思われるが、ぜひ実現してほしい実践である。

このように本実践は、教員に教材や教科書をこれまでとは別の視点から見るヒントを与えている点で、優れていると言うことができる。

三　授業デザインの視点

二で紹介した実践では、創作や発表がなされていたが、これらは言語活動の充実を図る上でも、今後の漢詩の授業に取り入れていく必要があるだろう。ただ実際の現場では、授業時数の確保など難しい側面があるのも事実である。そこで以下では、複数の教材を読むことで、学習者がテキストと対話することを目指した単元づくりについて考えてみたい。

1　人と自然の関係を考える

教科書に採録されている漢詩には、自然の情景を描写するものが多く、それらは様々な視点で読むことが可能である。ここでは共に「国語総合」に採録されている杜甫「春望」「春夜喜雨」を取り上げることとする。

杜甫「春望」

国破山河在、城春草木深、感時花濺涙、恨別鳥驚心、烽火連三月、家書抵万金、白頭掻更短、渾欲不勝簪

「春望」は、安禄山の軍によって軟禁された主体が、引き離された家族への思いを述べる詩で、至徳二年（七五七）春の作であるが、ここには主体が人と自然との関係をどのように捉えているのかが端的に示されている。

第一句・第二句では、安禄山の乱で長安が破壊されても、自然は人間世界のこととは関わりなく、同じ佇まいのままで時の運行も止まることなく進行し、草木萌ゆる春の季節がやって来ることを言う。特に第一句では、「国破」と「山河在」が対比されており、川合康三（二〇一二）は、「自然にとっては、人間なぞ無視できる程度のものに過ぎず、「好意を抱いてくれることはなく、まして何ら助けの手も差し伸べてはくれない。」と解釈する(5)（九二頁）。つまり主体にとって自然は、頼るどころか人である悲しさを思い知らされる存在になっており、両者の間には距離がある、と言うことができる。

第三句・第四句では、時勢に心を傷めているために春の美しい花を見ても涙がこぼれ、家族との別れを悲しんでいるために楽しいはずの春の鳥の囀りにも心がはっとする、と言う。この二句については、吉川幸次郎（一九五二）のように(6)、花と鳥を主語として解釈する読みもあるが、ここでは主語を主体と考えたい。そして春の風物に涙がこぼれ、はっとするというのは、本来喜びをもたらすはずのものを、そのように見聞きすることができない、という

ことである。つまりここには主体の「心」が反映されており、この社会的・文化的コードとのずれは、第一句と同様に、主体の自然に対する距離感を示している、と考えることができる。

続く後半四句では、主体の個人的なことに引き寄せて、その悲痛な思いを述べており、この詩を教材として取り扱う場合には、その思いの読み取りが重視されるが、ここでは前半四句に着目して、人と自然の関係が、対比的に捉えられていることを押さえておきたい。

杜甫「春夜喜雨」

好雨知時節、当春乃発生、随風潜入夜、潤物細無声、野径雲倶黒、江船火独明、暁看紅湿処、花重錦官城

この詩は、上元二年（七六一）に成都にいた主体が、その地で春の夜に降る雨を喜んだものであるが、第一句ではその雨を「好雨」とする。その理由は、知覚が無いはずの雨が、まるで人間のように時節を知り、万物を発生させる春のタイミングを外さずに降っているからであり、特に第二句の「乃」を吉川（一九五四）は、「自然の秩序と恩恵とを強調するもの」と評価する。(7)（一一九頁）

第三句・第四句では、風が吹くのに随って潜かに夜の中に忍び入り、その万物を潤すことは細やかで音が無いと、柔らかに降る春雨を聴覚で捉えて描写している。この二句について吉川（一九五四）は、「体物の妙は、杜詩の重要な性質の一つとして有名なことであるが、この聯のごときは、蓋しその極致であろう。」（一一九頁）と評価する。また川合（二〇一二）は、本詩を直接取り上げているわけではないが、成都時代の杜甫の詩を考察して、「外物が本来もっている状態、姿、それを虚心に捉えようとする」と述べている(8)（一六三頁）。このように自然のあるがままの姿を描写するためには、それをじっと観察し、耳を澄まさなければならない。つまりここで主体と自然との距離

はずっと縮まっている、と言うことができる。

第五句・第六句では、辺り全てが黒一色に包まれている中でぽつりと明るい漁火の様を描写する。ここで主体が熟視している漁火は、春雨の夜の暗闇の中で醸成されるものに対する期待の象徴である。そして第七句・八句では、翌朝の錦官城でしっとりと雨に濡れ、咲き開いた重厚な紅い花を想像する。この四句について、吉川（一九五四）は、「明日への光明の期待は、この聯（第五句・第六句）においては、なお意識の下に潜むものであったが、やがてそれは詩人の意識の上にも油然と巻き上が」り、「錦官城の花は一層明日への期待を果す」（一二二〜一二三頁）と解釈している。

このように「春夜喜雨」では、春雨を喜び、人の生活を支える自然の恩恵と、それに対する主体の気づきを示した上で、明日への希望を感じていることがわかる。

そこで学習者にこの二首を読み比べて、人と自然の関係を考えさせる授業を提案したい。まず「春望」では、第一句・第二句で「国破」「城春」と「山河在」「草木深」[9]と、自然と人事の対比を鮮明に表現していること、第三句・第四句で「花濺涙」「鳥驚心」と、社会的・文化的コードのずれが生じていることから、主体が人と自然の間には距離があり、その関係を対比的に捉えている、ということを学習者に読み取らせる。次に「春夜喜雨」では、第一句・第二句で「好雨」は「乃発生」と、タイミングを外さない自然の運行の不思議な力を感じていること、第三句・第四句で「随」「潜」「入」「潤」「細」「無声」と、春雨の特性を的確に描写していること、後半四句で春雨に醸成された「花」に明日への希望を感じていることから、主体と自然の距離は縮まり、人の生活を支える自然の存在を喜んでいることを理解させる。

そしてそこから人は自然をどのように考え、どのように表現してきたのか、ということ、または人と自然との距離感といった問題を考えさせるのである。さらにこれらのテキストが提示する問題に対して、学習者が自分の知識や体験をふまえながら対話を重ね、自らの認識を拡充・深化させることができれば、それは東日本大震災や原発事故を経験した私たちにとっての「自然との共生」を考えるためのレッスンになると考える。

以上本節では、杜甫の詩二首しか挙げることができなかったが、「国語総合」の教科書に限っても、杜甫の他の詩（「絶句」「月夜」「登岳陽楼」「旅夜書懐」「登高」）には全て自然の情景が描写されている。また杜甫以外の作者の詩にも、自然描写は多く見られる。したがって様々なテキストを用いて、学習者に人と自然の関係を考えさせる実践を行うことは、他にも可能であると考える。

2　「春雨」について考える

次に「春夜喜雨」とのつながりとして「春雨」に着目し[10]、日本文学と読み比べるのも面白いと思われる。[11]特に小中高全ての教科書に採録されている正岡子規の短歌に、

くれなゐの二尺伸びたる薔薇の芽の針やはらかに春雨のふる

とあり、「薔薇の芽の針（棘）」の細い初々しさと、それを包むように細かく「ふる」「春雨」の感覚を、「やはらかに」という語で表現している。[12]また光村図書「中学校2年国語」では、「紅の色を帯びた薔薇の芽が一気に伸びたところに季節の元気を感じさせます。それを「二尺」（六十・六センチメートル）という数詞でありありと見せた確かさや、春雨にぬれている薔薇のとげを「針やはらか」と表現した感覚の優しさなどが総合的に、気温の緩んだ雨の日の雰囲気のある情景を感受させせます。」という馬場あき子の鑑賞文とともに採録されている。

そこでこれをふまえながら、「春雨」の降る様子を「やはらかに」「細無声」と表現している点に着目させること

から始めて、それぞれの主体が「春雨」をどのようなものとして捉えているのか、「春雨」に濡れた花（薔薇）に何を感じているのか、また現代の私たちはどうか、といった問題を学習者に考えさせるのである。そしてこれらの学習は、一に挙げた安藤（一九八九）が言うところの「人間の言葉として、おなじアジアに生きるものの言葉」として大切にし、短歌と漢詩を読むということにつながっていく、と稿者は考えている。

一で述べたように、これからの漢詩の授業では複数の漢詩を用いて、学習者とテキストの対話、自己認識の拡充・深化を目指す単元づくりを行うことが必要である、と稿者は考えている。では複数の漢詩あるいは他のテキストをどこから持ってくるのか、ということが問題となるが、本節では「国語総合」の教科書の中にそれを探し求めた。その理由は、まだまだ教員の見過ごしが多く、発想次第で様々な単元づくりができることを示したかったからである。

注

（1）安藤信広『漢詩入門』東京美術、一九八九年。
（2）斯波六郎「中国文学における融合性」（『中国文学における孤独感』岩波書店、一九九〇年）
（3）畑村学「漢詩を素材としたプレゼンテーション授業の実践」（『漢文教育』第二九号、広島漢文教育学会、二〇〇四年）
（4）田中宏幸「古典との対話を通じて自己を問い直す授業実践の構築」（『国語教育研究』第五一号、広島大学国語教育会、二〇一〇年）
（5）川合康三『杜甫』岩波書店、二〇一二年。
（6）吉川幸次郎『新唐詩選』（岩波新書、一九五二年）二〇頁参照。また川合（前掲書）は、中国語が「関係を明示する指標を必要としない言語であるために、人と物の関係が多義的になりえている。」（九四頁）と言う。
（7）吉川幸次郎『杜甫ノート』新潮文庫、一九五四年。以下の吉川の引用は同じ。
（8）川合（前掲書）。
（9）「草木深」は、宋・司馬光の説（「山河在り」とは、余物無きを明らかにす。「草木深し」とは、人無きを明らかにす。）により、人がいないことを示していると解釈する。

（10）本節では提案できなかったが、杜甫には雨を詠じた詩が多い。最近のものでは向島成美『漢詩のことば』（大修館書店、一九九八年）六八〜七七頁に解説がある。

（11）東京書籍「小学校6年下」の「雨のいろいろ」（倉持保男著）では、日本人が昔から季節ごとの雨に関心を抱き、多くの名前を付けてきたことが紹介されている。また「国語総合」の教科書を見ても、「春雨はいたくな降りそ桜花いまだ見なくに散らまく惜しも」（『万葉集』巻十・一八七〇、作者未詳）、「思ひあまりそなたの空をながむれば霞を分けて春雨ぞ降る」（『新古今和歌集』恋二・一一〇七・藤原俊成）といった和歌が採録されており、川端康成『雨傘』で降るのも春雨である。

（12）子規の短歌の解釈については、内藤明・安森敏隆『新しい短歌鑑賞第二巻　正岡子規・斎藤茂吉』（晃洋書房、二〇〇八年）三三頁、永田和宏『近代秀歌』（岩波新書、二〇一三年）一六〇〜一六二頁を参照した。

※本稿を執筆するにあたり、広島大学大学院の竹村信治教授の古典教育に関する論文と、広島大学附属中・高等学校で行われている「漢文教育研究会」月例会での議論から、大いなるヒントを得た。ここに記して感謝申し上げる。

第四章　日本漢文教材を用いた実践

冨安　慎吾

一　学習の目標

1　日本漢文教材の意義

これまでの節で見てきたような「思想」や「漢詩」等と異なり、「日本漢文」は文章のジャンルを表す言葉ではない。日本漢文を定義することは簡単ではないが、ここでは、ひとまず「日本」という地政学的な環境において生成された漢文テキストを指し示す言葉として用いる。典型的な教材としては、『菅家後集』や『日本外史』などがあげられ、『風土記』や『古事談』のような和化漢文も含みうる。また、近代の日本漢文として、漱石や鴎外の手になる漢詩等も含まれる。つまり、日本漢文の中には、「思想」や「漢詩（日本漢詩）」、「史伝」等が含まれており、それらのテキストは、当然ながら、これまでの節で見てきた「思想」や「漢詩」「史伝」等の教材としても用いることができるということである。

本章で取り立てて日本漢文を取り扱うのは、これらテキストが「思想」や「漢詩」の教材であると同時に、まさにその「日本」において生成されたという点で教材性――学習の意義を持つためである。では、その意義はどのように考えられるのだろうか。

次にみるのは、I―二（本書四頁）において確認した漢文テキストの性質である。縦軸でみると、日本漢文は古文と漢文との間に位置し、横軸でみると、近代・現代の日本語テキストへとつながるものとしてみることができる。これは、現代に至る「日本語」が、いわゆる「和文脈」と「漢文脈」とによって成立してきたことを表している。[1]

朝倉孝之ら（二〇〇六）[2]は、戦後の教科書における日本漢文の採録状況を検討した上で、次のような位置づけが行なわれていたことを指摘した。

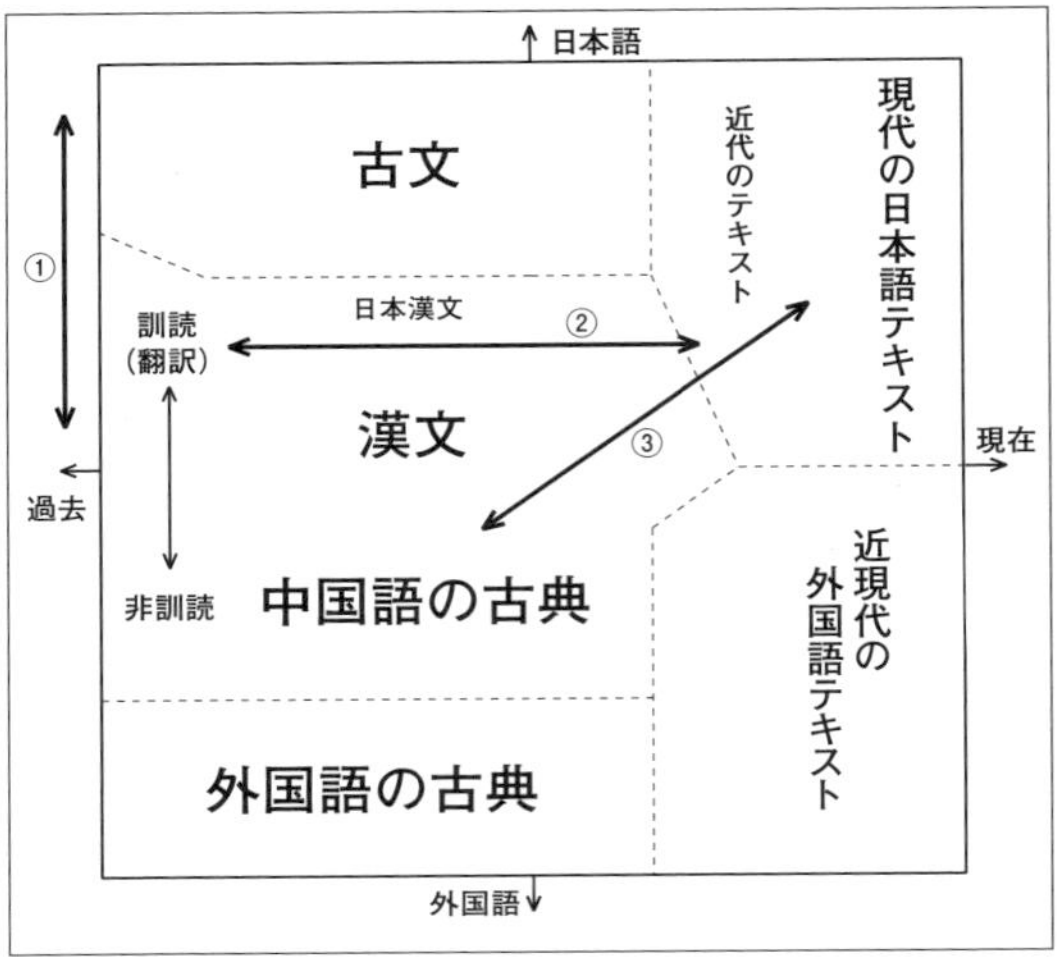

1）日本人の伝統的な価値観、感受性に触れる。
2）中国文化の日本文化に及ぼした影響を知る。
3）伝統的生活を背景とした文化を継承する。
4）日本の風土に根ざした日本漢詩の特性を知る。
5）歴史的人物の生き方、考え方に触れる。
6）古文、漢文との関わりから、日本古典文学の理解を深める。
7）日本の風土や考え方に即して生み出されてきた和製漢語や、漢語の理解を深める。
8）朗唱を通じてリズムや響きを感得する。（二六一頁）

これらの位置づけは、日本漢文を近代・現代の日本語テキストにつながるものと見つつ、日本語（と日本に見られる文化）と、中国において生成された漢文（中国漢文）との影響関係を捉えて、そこに教材価値をもとめるものと言えるだろう。

一方、現代において、日本漢文の創作は、「全国学生・生徒漢詩コンクール」などの試みは見られるものの、大勢においては衰退している。古田島洋介（二〇〇六）[3]はその衰亡について、五つの指標から検討し、昭和四〇年を最後として、「漢詩文制作の伝統」が「断絶した」と指摘している（七六頁）。また、後述するが、日本漢文は国語科の授業においても取り扱われる頻度が低く、読まれる対象としても『論語』や『史記』などの中国漢文と比較すると注目されにくい。

これらのことから考えるならば、日本漢文は近代・現代の日本語テキストに連なるものであるにも関わらず、その存在が認識されにくい状況にあると言える。それは、日本語の来歴について十分に学習する機会が損なわれがちであることを意味している。

現在に生きる学習者は、つい「現在の日本語」の姿を当たり前のものとして見てしまうが、日本漢文を教材として学ぶことは、日本語の歴史的現在における姿が、様々な選択の結果としてあることに気づき、理解する機会となると考えられる。このことは、現代の日本語を絶対視する視点から、日本語の姿を相対的に捉える視点へと学習者の認識を変化させる可能性があることを示している。

二　実践事例

1　実践の背景

近年の学習指導要領では、日本漢文を取り扱うことを明記する傾向が強くなっている。平成元年に行われた改訂以後の文言を抜き出すと次のようになっている。

・教材には、日本漢文も含めるよう留意する。（平成元年「古典Ⅰ」）
・教材には、日本漢文も含めるようにすること。（平成十一年「古典」）
・必要に応じて日本漢文、近代以降の文語文や漢詩文などを用いることができること。（平成二二年「古典A」）
・教材には、日本漢文を含めること。（平成二二年「古典B」）

平成二二年の改訂では、「古典A」の解説において「我が国の文化において漢文が大きな役割を果たしてきたことや、日本人の思想や感情などが、漢語、漢文を通して表現される場合も少なくなかったことなどを考え併せると、日本漢文の適切な活用を図る必要があり、ここで改めて示している」とし、その重要性を示している。これは前節においてみた日本漢文を学習する意義に合致するものである。

しかし、その一方で、日本漢文を教材とする実践は、その報告が中国漢文を教材とするものと比較して非常に少ない。この点については、田川陽子（二〇一四）[4]による次のような指摘が参考になる。

現行の学習指導要領下で作成された教科書では全て日本漢文が収録されている（引用者注：平成十一年改訂時のこと）。しかし実際に授業で取り上げたかどうかは甚だ疑問である。これは多くの授業者について言えることと考えるが、授業のスタイルは、かつて自分がどのような授業を受けてきたかに拠るところが大きい。多かれ少なかれ、その実態があることは、否めない。とすると、日本漢文を授業で学習していない「国語Ⅰ」「国語Ⅱ」世代による教科指導はどうなるのか。少なくとも『史記』などの漢文でより高い頻度で扱われる教材よりも、指導法や指導資料の作成について苦慮することは想像に難くない。（三四四頁）

この田川の指摘は、教師に日本漢文を教材とする授業のスタイル＝授業観が十分には備わっていないのではないか、という懸念を示すものである。田川はこの指摘について、「高校教員へのアンケート調査」を実施し、その結果を分析している。その中では、「過去5年間程度のなかで、教科書に掲載されている「日本漢文」を授業で扱った頻度はどのくらいですか」という質問に対し、回答者三二名中、二七名が「取り扱ったことがない・記憶がない」と回答し、「2、3年に一度取り扱っている」という回答も二名に留まり、毎年取り扱う教師は見られない、という結果が示されている。この調査のみをもって、高等学校全体の傾向を示すことはできないが、学習指導要領の記述にもかかわらず、日本漢文を教材とする実践が十分には行なわれていないことは推測できる。

本節では、一節にみた学習の目標を踏まえながら、日本漢文を教材とする実践を取り上げ、どのような授業の可能性があるかを検討する。

2　取り上げる実践

ここでは、日本漢文を教材とする提案と実践として、次の二本を取り上げる。

朝倉孝之・岡本恵子・富永一登・佐藤利行「現代に生きる中・高校生のための日本漢詩・日本漢文の教材化(1)〜(3)」(『広島大学 学部・附属学校共同研究機構研究紀要』34〜36、広島大学、二〇〇六〜二〇〇八)

髙尾(七河)香織「郷土古典文学作品の教材化および指導方法の研究―管茶山作品と茶山ポエム―」(『国語教育研究』52、広島大学国語教育会、二〇一一)

3　実践の検討

(1)　朝倉孝之・岡本恵子・富永一登・佐藤利行の提案と実践

朝倉氏らの提案と実践は、三カ年にわたって行われたものである。

一年目の(1)では、これまでの学習指導要領において、日本漢文（とりわけ日本漢詩）がどのように取り扱われ、また、それが教科書上にどのように表れてきたかが検討されている。そこでは、かつて試案の時代には多様にみられた日本漢詩の取り扱いが、昭和五三年に改訂された学習指導要領実施時には、「教科書からほとんど姿を消し、日本文学との関連に限ってわずかに命脈を保った」という見方が示されている（(1)二六〇頁）。先に見たとおり、近年の学習指導要領では再び日本漢文への注目が高まっているが、かつてに比べるとその採録数は「量的にも比べものにならない」（(2)四三三頁）とされている。

二年目の(2)では、日本漢詩の全盛期であるとともに、日本漢詩が結実した時期である江戸時代における漢詩人たちの営みについて概観した上で、二編の日本漢詩について、それぞれ二つの実践が報告されている。

三年目の(3)では、三年間の研究の成果が総括され、日本漢詩を学習することの意義が述べられるとともに、夏目漱石の「無題」詩（明治四五年七月）、土屋久泰（竹雨）「原爆行」詩について、それぞれ学習指導案の提案がなされている。

ここでは特に二年目の(2)における実践のうち、岡本氏と朝倉氏による菅茶山「冬夜読書」の実践を取り上げる。菅茶山「冬夜読書」のテキストは次の通りである。

冬夜読書　　冬夜書を読む

雪擁山堂樹影深　　雪は山堂を擁して　樹影深し

檐鈴不動夜沈沈　　檐鈴動かず　夜沈沈
閑収乱帙思疑義　　閑かに乱帙を収めて　疑義を思ふ
一穂青灯万古心　　一穂の青灯　万古の心

この教材を選択した理由については、次のように述べられている。

漢詩の創作を通して言葉を自分たちのものとしていった江戸漢詩人の文学的営為、中国漢詩の模倣でなく、自国の文化としての日本漢詩を学習するという立場から、教科書教材中の菅茶山詩を選んだ。(2)四三六頁)

このように教材を選択した背景については、(3)における前年度のふりかえりの中で次のように説明されている。

昨年度は、教材化にあたって2つの柱を考えた。ひとつは、中国文学の受容として位置づける場合であり、もうひとつは日本漢詩が日本漢詩として輝きを放つ江戸以降の作品を中心に扱う、ということである。

前者は、前出の菅原道真「不出門」がそれに当たるが、こうした詩の多くがいかに中国人の基準に適うかによって詩の質を評価し、和臭を嫌ったのを考えれば、生徒にとっての魅力という点で限界があるのは当然である。中国文学の受容について知るためには、むしろたとえば白居易の詩が、『枕草子』で「香炉峰下新卜山居草堂初成偶題東壁」詩を中心にウィットに富んだ定子とのやりとりを追憶する部分で生かされたり、『源氏物語』で「長恨歌」が桐壺帝と更衣の悲恋に引用されたりしたものの方が生徒には理解しやすいと考えた。

そこで本研究では、後者の、心情の表出方法の一つとして作られた日本独自のいかにも日本らしい江戸時代

以降の日本漢詩の教材化を試みることにした。(3)一三六頁)

ここでは、日本漢詩の教材としての意義を、「中国文学の受容」のあり方を学ぶ教材として位置づけるあり方と、「言葉を自分たちのものとしてい」く営為、「心情の表出方法の一つ」としてのあり方を学ぶ教材として位置づけるあり方との二つの方向性を捉えた上で、後者の意義をもとに実践が行われている。

両者の実践は、事前の打ち合わせをせずに行われた。対象は、それぞれ同じ高等学校の2年生である。

まず岡本氏の実践を見てみよう。岡本氏は、学習目標として次の三点をあげている。

1　日本人の中に漢詩を作る文化があったことを知る。
2　冬の夜、読書に没頭できる喜びを読み取る。
3　情景を思い描きながら、漢詩のリズムに即して音読することができる。(2)四三六頁)

特に「日本漢詩」であることに関わる目標は1だが、2・3も、この詩の特徴である「日本の風土」や「日本の農村の冬」について鑑賞することを目標とするものであり、中国漢詩とは異なる詩情に触れることになる目標である。岡本氏はこの詩について、「墨絵のような、いかにも日本的な情景が印象に残る作品」であり、「典故を踏まえながらも気負いのない穏やかな読みぶりも感じられる」とする。ここから、「山懐に抱かれたそうしたかつての暮らしに思いを馳せて欲しい」という願いをもって授業が行われている(2)四三六頁)。

この授業の学習指導案は次の通りである。

学習活動	指導上の留意点
1　本時の学習目標を知る。	・菅茶山「冬夜読書」を読むことを伝える。
2　詩の構成を理解する。	・指名読み。各自読み。　・詩形の確認。
(1)転句から、作者の姿を読む。 ①　作者は何をしているのか。また、何をしていたのか。 ②　作者が気づいたのはどのようなことか。	・作者の姿が述べられているのは転句であることを確認させる。 ・「乱帙」の説明。「帙」の実物も見せる。 ・茶山像の拡大図を貼り、読書時の姿や灯りを想像させる。
(2)前半2句を中心に情景を読み取る。 ①　季節、場所、時間等を考える。 ②　作者の姿を加えた詩全体の情景をイメージする。	・前半2句とのつながりに気づかせる。 ・菅茶山が日本の人で、神辺在住であったことを知らせ、情景をできるだけ具体的にイメージするよう促す。 ・「擁」「夜沈々」　・音読。 ・前半で描き出される白黒のコントラスト、後半で浮かび上がる灯火の場面を一続きの情景としてとらえさせる。
3　作者の心情を読み取る。 (1)心の動きを追う。 (2)どのような書物を読んでいたのか考える。 (3)作者の満たされた心境を結句を中心に読み取る。	・「読書」→（状況）→（閑収）→「思」→（青灯）→「万古心」 ・大枠の把握でよい。 ・「思疑義」「万古心」に注目させる。 ・参考に「学而不思則罔。思而不学則殆」 ・詩題、前半もあわせて考えさせるとともに、作者の暮らしを想像させる。ただし、個人に立ち入らないように留意する。 ・「徒然草」の一節を簡単に紹介する。　・一斉音読
4　本時のまとめと次時の予告	・生徒自身にとっての読書を振り返らせるとともに、時間があれば、日本人である作者にとって漢詩で表現する意味を考えさせてみたい。 ・次時は、子規の詩を読むことを知らせる。

次に朝倉氏の実践を見てみたい。朝倉氏は、学習目標として次の三点をあげている。

1　日本漢詩独自の情景描写を読み取る。
2　詩のことばに注目し、詩人の心情に迫る。
3　音読が作詩の追体験となることを感じ取る。(2)四三八頁)

特に1が「日本漢詩」であることに関わる目標となっている。朝倉氏は、「茶山のそれは日本的な情趣が自然と現れた希有な例」と捉え、「日本漢詩にとって中国の模倣からの離脱と独自性の確立は大きな問題であった」としている。「江戸後期にいたり、日本人と漢文・漢詩の関係は大きく変わる」ことになるが、その点に着目し、学習する意義を見出すことで目標の1が設定されたと言えるだろう(2)四三七頁)

この授業の学習指導案は次の通りである。

学習活動	指導上の留意点
1　本時の学習目標を知る。 2　詩の構成を理解する。 (1)転句から、詩の構造を読む。 「閑」に着目させる。詩中で「閑」なる存在はなにか。 (2)情景を読み取る。	・菅茶山「冬夜読書」を読むことを伝える。 ・指名読み。各自読み。 ・詩形の確認。 ・直接的には作者の姿であり、作者を取り巻く世界もまた「閑」に連なることをとらえさせる。 ・雪の夜、風はない。月は。具体的に情景をことばによって説明させる。これは、作者の住んでいる神辺の冬の夜の情景であることを伝える。備後の田舎の光景。

3　作者の心情を読み取る。 (1)「閑」「思」に着目させる。 (2)「思疑義」と「万古心」の関係を考えさせる。 4　本時のまとめと次時の予告	・「閑」が情景とも結びついているを《ママ》指摘させる。 ・「思」について、「学而不思則罔。思而不学則殆」（『論語』）を思い出させ、「思疑義」の行為が自らの力による深い思索を意味していることを考えさせる。 ・どのような書物を読んでいたのか想像させることによって、導く。 ・儒者である菅茶山にとって読者という行為が喜びであり、その喜びは万古の心につながることでもあることを確認させる。そして生徒たちにとっても、読者がまだ見ぬ人との出会いであるという意味において茶山と同じであることを気づかせる。（『徒然草』を引く） ・次時は、子規の詩を読むことを知らせる。

両者の学習指導案を比較してみると、まず授業構成の上では「転句を中心に詩の構成を理解する」ことから始まり、起句・承句の情景描写を読み取った上で、最後に「作者の心情」へと読みを進めている点で、学習過程に類似性がみられることがわかる。

起句・承句を中心とした情景の読み取りは、学習者らの生活している広島県の情景であることと関連して取り扱われており、「日本漢詩」としての特性の表れている部分である。一方、「作者の心情」についても、共に「万古の心」に出会うことによる思索の継承があることを、「徒然草」を想起しつつ、考えるようになっている。岡本氏の指導案では「日本人である作者にとって漢詩で表現する意味」について考えることも構想されており、「日本人の中に漢詩を作る文化があったこと」を知るとともに、その文化がどのような意味を持つものであるかについても考えることができるようになっている。

一方で、両者の実践には相違点もみられる。たとえば、朝倉氏は詩形の確認を行う際に押韻（深・沈・心）の確認を行っているが、岡本氏はこれを行っていない。この点については、次のようにねらいの違いがあったことが述べられている。

朝倉は、かつての日本人も中国の漢詩の韻律に則って創っていたことをふまえ、押韻についても触れた。岡本は、当時すでに訓読主体で創り、味わっていたであろうと考え、押韻の指導は省いた。このような違いは、日本漢詩をどう考え、どう扱うかという点で不可避の課題であり、今後さらに検討が必要であろう。（2）四四二頁）

述べられているとおり、押韻ひとつをとっても、そこには日本漢詩にどのような教材性をみいだしているかによる違いが表れてくる。ただ機械的に押韻に触れるのではなく、訓読という習慣を持っていた日本の作詩者が押韻を踏まえて作詩していたことに注目することも、日本漢詩という文化について考える材料となりうるのである。

（2）髙尾（七河）香織の実践

髙尾氏の実践は、そのタイトルのとおり、日本漢文の中でも「郷土古典文学作品」を取り上げるものである。

この実践では、広島県福山市の郷土古典文学作品から菅茶山の作品群が選ばれている。この教材を選択した理由について、氏は次のように述べている。

菅茶山の作品を読むことは、郷土で育まれた伝統や文化に対する理解を深めるのに非常に有効であると考えられる。茶山の郷土愛は現代に生きる我々にも共感できるものであり、作品を通して郷土を愛し、郷土に根ざして生きていくことの意味を見いだすことができる。さらに、茶山の偉業を受け継ぎ次世代に受け継ごうとして活躍している地域の人々の活動に触れることで、自らも地域の文化を継承し創造する人材となり得るという自覚を持たせることもできるだろう。

また、菅茶山顕彰会の『茶山ポエム絵画展』等の活動により、文学の享受の多様性にも気づかせ、自らが読み取った詩の世界を自らの言葉で表現する可能性を探ることもできる。茶山詩に向き合い、一つ一つの言葉を自らのものとして得ようとするとき、まさしくそれは古典と「対話」する行為となり、古典の世界を理解し、古典を深く読み味わう態度を育成することにつながるはずである。（一二〇頁）

ここからは、大きく分けて、Ａ「郷土で育まれた伝統や文化に対する理解」、Ｂ「自らが読み取った詩の世界を自らの言葉で表現する可能性」、Ｃ「自らも地域の文化を継承し創造する人材となり得るという自覚への気づき」という三つのねらいを見いだすことができる。次にあげる「単元の目標」においては、Ａが①②、Ｂが③、Ｃが④として設定されている。

① 菅茶山が江戸時代後期において、当代随一の漢詩人と評されたその詩風に触れて、茶山と茶山の詩に対する理解を深める。（新学習指導要領 古典Ａ ２ 内容ウに対応）

② 菅茶山の詩に表現されている郷土や身近な自然の景物を愛する思いを読み取ることで、郷土に根付いた文化に関心を持ち、郷土を愛し、郷土で生きることの意味を考える。（新学習指導要領 古典Ａ ２ 内容アに対応）

③　現代におけるさまざまな茶山詩の受容のあり方に気づき、自らが受容した詩の世界観を自らの言葉で表現する可能性を探る。（新学習指導要領　古典A　2　内容イに対応）

④　地域社会が菅茶山を愛し、茶山の偉業を顕彰する試みを数多くなされていることを知り、自らも地域の文化を継承し創造する人材となり得るという自覚を持たせる。（新学習指導要領　古典A　2　内容エに対応）

（一二〇頁）

この実践において、特に教材として重要な役割を果たしているのが「茶山ポエム」である。茶山ポエムとは、菅茶山の漢詩を口語訳したものである。菅茶山記念館の主催する「茶山ポエム絵画展」は毎年実施され、保育園・幼稚園から高等学校まで、茶山ポエムを題材とした絵を幅広く募集している。募集要項の応募方法には、「菅茶山は江戸時代の人ですが、絵の内容の時代は問いません。」（『2014年度　茶山ポエム絵画展　茶山ポエムの絵の描こう。』）と記載されており、茶山ポエムについて現代の視点から翻案し、絵画化することもできるものになっている。募集要項には、次のように茶山ポエムが掲載されている。

「梅」

山の谷間の奥深く
小さな村があったんだ
家は四、五軒　さみしいな
誰も来ないよ　さみしいな
ところが村人　梅の木植えた
それから後の　谷間の春は
花見の人で　大にぎわい

（中山　善照）

「画山水」（原詩）

渓村三五戸　　渓村の三五戸
一向絶風塵　　一向風塵を絶す
自種梅花後　　梅花種えて自り後
春来引外人　　春来外人を引く

【大意】

谷あいの三戸か五戸のさみしい村は、俗塵から離れて生活していた。ところが、梅の花を植えてより後は、春が来れば方々からの花見の人が来るようになった。

募集要項には全部で十編の詩が掲載されており、それぞれ「口語訳詩」「原詩」「大意」で構成されている。高尾氏は全八次の単元計画において、第一次と第八次に茶山ポエムを教材とした学習活動を位置づけている。全八次の構成は次のようになっている（各次の題名のみを抜粋）。

第一次「菅茶山とその詩の世界～『茶山ポエム』から見えてくるもの～」①②③④
第二次「茶山の愛した風景～田園・子どものいる風景～」①②
第三次「茶山の好きなもの～梅・蝶・蛍～」①②
第四次「茶山の大切な人～弟子・友人・妻～」①②
第五次「茶山の好奇心～『筆のすさび』から見えてくるもの～」①②
第六次「茶山の生きた時代～江戸時代後期の福山～」①②
第七次「現代に生きる茶山～茶山を愛する地域の人の話を聞く～」③④
第八次「私の『茶山ポエム』」①②③④

（一二一頁より抜粋。また丸数字は引用者が付した）

各次の題目の下に付したのは、先にみた単元の目標のうち、各次においてどの目標が特に取り扱われているかを稿者が推測したものである。こうしてみると、茶山ポエムを取り扱う第一次と第八次は、特に学習者が「自らの言葉」で詩の世界観を表現し直したり（③）、地域の文化の継承者として創作を試みたり（④）するものであることがわかる。第一次と第八次について、学習内容は次のように示されている。

第一次「菅茶山とその詩の世界～『茶山ポエム』から見えてくるもの～」

・茶山詩を読み、『茶山ポエム』や『茶山詩話』の内容を踏まえて、茶山の郷土や自然の景物に対する思いを読み味わう。（関心・意欲・態度）

・茶山詩を読んで、ポエム風口語訳や四コマ漫画ストーリーを作る。（読むこと・書くこと）

第八次「私の『茶山ポエム』」

・自らが表現者となり得ることを自覚して、独自の『茶山ポエム』や茶山の歌物語のほか、郷土を題材にした文芸作品の創作を試みる。（書くこと）

（それぞれ一二一頁より抜粋）

実際に行われた第一次は、次のようになっている。

学習活動	評価基準
《導入》 菅茶山について、概要を知る。	
《展開》 ・茶山詩を分かりやすい口語詩に直した『茶山ポエム』や茶山詩についての講演録『茶山詩話』を用いて、茶山が表現した詩の世界を読み取る。	・現代語訳や『茶山ポエム』『茶山詩話』を手がかりにして、茶山詩に表現されている世界を理解しようとしている。

・『茶山ポエム』のような口語訳詩、または茶山詩の四コマ《マ》漫画ス《マ》トーリーをつくる。	・原詩や現代語訳の表現に即したものになっている。
《まとめ》 ・できた作品を発表する。 ・本時の感想を書く。	・読み取った詩の世界を自分の言葉で表現しようとしている。

（一二一頁～一二二頁）

高尾氏はまず茶山ポエムへの反応として、「興味・関心を示したものが予想以上に多」く、「『茶山の詩には動物や虫などの生き物が多く出てくる』という茶山詩の鑑賞と言えるものが見られた」と述べている（一二二頁）。さらに、口語訳詩の創作として、茶山詩について学習者が翻案し訳詩を作成する活動を行ったところ、「水禽驚出起林翻」を「ヌートリアも驚いて、巣からとびだした」とするなど、菅茶山の詠んだかつての郷土の情景を、現在の郷土の情景に置き換えて表現する学習者の姿がみられている。

> この生徒は授業後にも、「この詩がよく分かった」と話しに来てくれた。かつての自分や友人たちの姿が自然と思い浮かんでくる原詩の表現に共感を覚えたゆえに、理解も深まり、自分なりに工夫した表現を取り入れようという意欲も湧いてきたのだろう。（一二四頁）

訳詩の活動については、「書くこと（表現）」との連携という点でも多くの実践がみられ、高尾氏の実践はそのような漢詩の訳詩の活動の例として、その意義をみることもできる。それに加えて、ここでの特徴は、菅茶山の詠んだ詩を、自分たちの住んでいる土地や経験と結びつけながら表現することになったことにもとめられるだろう。

この単元において、茶山ポエムはただ言語抵抗を低減させるための口語訳としてのみ用いられているわけではない。氏が「自らも地域の文化を継承し創造する人材となり得るという自覚」を目標として設定している通り、菅茶山の漢詩を翻案し（第一次・第八次）、さらに、絵画にするという取り組みが存在し、茶山の詩を受け継ごうとしている人たちがいることを知ること（第七次）自体がここでは教材として働いていることに注意しておきたい。茶山や茶山の詩自体についてのみ学習するのではなく、郷土の古典文化の継承という営み自体を認識し、学習する機会となっているのである。

この点について、髙尾氏は成果として次のように述べている。


『茶山ポエム』は、地域在住の人々が茶山詩を分かりやすく伝えることを目的として作り上げた茶山詩の翻案とも言えるすばらしい作品群である。この『茶山ポエム』を通して、茶山詩の世界に入り込むことができた生徒たちは、分かりやすい表現に親しみを感じ、菅茶山への関心、郷土の文学への興味・関心を高めることになった。このことは郷土の伝統的言語文化の担い手としての資質を育成できたと言えよう。（一一四－一一五頁）

髙尾氏の実践は、古典を敬して遠ざく対象とするのではなく、今なお現在の視点から解釈が加えられ、新しい表現を生み出す営みとして見、そして、学習者自身もそこに参入していく実践である。

三　授業デザインの視点

二節にみた二つの実践は、どちらも菅茶山の漢詩を教材とした点で一致している。しかし、それぞれが授業において目標とした点は完全に一致していたわけではない。大別するならば、両者の実践には、次の二つの要素が含まれていたと言える。

Ａ　日本漢文生成の営為について、そのあり方を学ぶもの
Ｂ　伝統的な言語文化として、その継承のあり方を学ぶもの

また、対象とする日本漢文生成の営為の中にも、平安時代の漢詩文のように中国漢文を模範として生成されたものと、江戸時代の一部の漢詩文のように日本独自の結実とみられるものとで、そこにどのような教材性を見出すかの差異が存在している。前者の場合は日本と中国との影響関係の理解が学習内容に含まれるが、後者の場合は必ずしもそうではないということになる（ただし、それを独自の結実とみるためには中国漢文との比較が有効である場合はある）。

ここから考えられることは、日本漢文を教材とする授業をデザインする上では、当然ではあるが、そこにどのような目的を見いだすかに応じて教材を選ばなければならないということである。日本漢文ならば、すべて同じ目的に資するというものではない。

いくつか、目的に沿った教材選択の例をみてみよう。先にみた田川（二〇一四）は、教員に対するアンケートの

結果から、日本漢文に求められる教材性としては、「完成したジャンルというよりも、中国文化と日本文化をいわばつなぐ存在としての事例として」の性質が強いことを指摘し、そのための教材として菅原道真の漢詩文をあげている。

遣唐使の廃止の建議をし、国風文化の隆盛のきっかけを作った人物として生徒達も知るところである。また、学問の神としても有名であり、生徒たちの興味を喚起する人物である。道真が最終的に左遷させられたこと、またその思いを漢詩で述べていること、当時の貴族での漢詩文の位置についても知る良い機会である。

（三五三頁）

これに対し、近代の日本漢文を取り扱うことは、また別の意味を持つ。たとえば夏目漱石から漢文の学習への興味付けを検討する村田克也（二〇一四）の提案[5]では、漱石が老荘思想や陶淵明の思想からの影響を受けていることに着目し、講演「現代日本の開化」と漢籍とを関連づけたり、漱石の漢詩に用いられている詩語について、阮籍や陶淵明との比較を行ったりといったことが提案されている。ここでは、近代人としての日本人が、自身の思想を形作る上で、漢詩を作ったり漢籍に触れたりといった営為を送っていたことを知ることになるのである。

平安期においても近代においても、漢詩文は唯一の表現手段ではなく、他の表現手段と並存するものであり、漢詩文という表現手段を選択することにはそれ自体の意味があった。田川氏も村田氏も、日本漢文を和歌や小説など異なる表現手段と合わせて用いることを提案している点で類似性がある。これについては、先にみた朝倉氏・岡本氏もその実践の中で他の表現形式の作品と関連づける試みを行っている。

日本漢詩を他の表現形式の作品と関連づけて扱うことは有効性（ママ）であるということ。俳句と漢詩あるいは和歌、というように同時に複数の表現形式で作品が作られていることは珍しいことではない。それらをあわせて読むことは、作品の理解を助けるのみならず、日本文化の豊かさをいっそう感得させることにつながるのである。（3）二三七頁）

中国漢文にも、それを和文において改めて表現したものがあるが、特に日本漢文では「平家物語」と「日本外史」など、同じモチーフを持つエピソードが異なる表現形式で表されているものが少なくない。これらは、日本の言語文化において、和文脈と漢文脈というそれぞれの形式があったことを知るとともに、それぞれの作者がどのような表現を行い、どのような点に光を当てていたかを比較する学習にも展開しうる。他の表現形式の作品と合わせて日本漢文を取り扱うことは、過去の日本においてどのように表現形式が選ばれてきたかを考える学習につながるのである。

整理すると、先にも述べた通り、日本漢文を教材とする場合、その目的に沿って教材を選ばなくてはならない。逆に言えば、教材がすでに決まっている場合は、その教材がどのような学習を導きうる教材であるかを吟味する必要がある。

その際に授業をデザインするための観点になるのは、その教材が日本語の歴史の中で、どのような位置づけのテキストとして捉えられるか、という点である。中国漢文を模範とするものなのか、それとも「和臭」を隠そうとしていない、和文脈に近いものなのか、それとも日本独自の結実とみられるものなのか、ということである。

このような点について考え、教材を選択するための資料としては、沖森卓也の編著による『日本語ライブラリー漢文資料を読む』（朝倉書店、二〇一三）が、日本漢文における様々なジャンルや訓読の変化などについて整理しており参考になる。特に日本における漢文脈の展開についてわかりやすくまとめたものについては、加藤徹『漢文の素養　誰が日本文化をつくったのか？』（光文社、二〇〇六）が参照できる。より専門的には、齋藤希史『漢文脈と近代日本』（角川学芸出版、二〇一四）、『漢字世界の地平　私たちにとって文字とは何か』（新潮社、二〇一四）を見ることができる。近年、日本漢文を取り扱う出版は増えており、これらから説明的文章の形としても教材を見出しうる。また、入谷仙介・大原俊二『山陰の近代漢詩』（山陰の近代漢詩刊行会、二〇〇四）、要木純一『明治の松江と漢詩』（島根大学法文学部山陰研究センター、二〇一五）など、地域の漢詩文についてまとめられた書籍や論文からも、その土地で学習するに向いた教材を得ることができるだろう。

加えて、日本漢文はただ単独の単元でのみ重要な教材というわけではないということにも注意が必要である。太田亨（二〇一四）[6]は、授業導入期において、日本語の歴史と漢文の関わりを考えることを重要視している。氏は、「高等学校の漢文授業の導入においては、日本語の言葉と文字の成立及び日本人のものの見方・考え方において、どれほど漢文が深く関わっているか考えさせ、日本語・日本人を客観的に見つめさせることが必要」として、「音読みと訓読み、平仮名と片仮名の成り立ち、万葉仮名の紹介、造字（国字）の紹介」といった既習事項と漢文訓読とを結びつけ、「それらの背景が密接につながっていること」を学習する必要性を指摘しているのである（五九頁）。日本漢文の学習は、このような入門の仕方と平仄を合わせながら、国語科で漢文を学習する意味を考えさせることに資する学習となるはずである。

見てきたように、日本漢文・日本漢詩を取り扱うことは、日本語の来歴とこれからについての学習を行うということでもあった。これらの学習は、ただ「漢文」だけの中に閉じられるものではなく、現代文や古文と関連づけながら行うものでありたい。その際、たとえば、イ・ヨンスク『「国語」という思想　近代日本の言語認識』（岩波書店、一九九六）やハルオ・シラネ・鈴木登美『創造された古典』（新曜社、一九九九）など、言語がただ言語として変遷を辿ってきたのではなく、そこには共同体意識の形成という面での政治的な言説の影響があったことなどにも触れ、ただ単に「良き伝統」として取り扱うだけでなく、俯瞰的な視点を持って歴史をみることができる学習者を育てるようにしたい。

注

（1）齋藤希史『漢文脈と近代日本』（角川学芸出版、二〇一四）に詳しい。また、三角洋一「漢文体と和文体の間」（『古典日本語の世界』東京大学出版会、二〇〇七）には、特に平安中期を中心とした古典日本語の種類が分類されている。

（2）朝倉孝之・岡本恵子・富永一登・佐藤利行（二〇〇六）「現代に生きる中・高校生のための日本漢詩・日本漢文の教材化⑴」（『広島大学 学部・附属学校共同研究機構研究紀要』三四、広島大学）

（3）古田島洋介（二〇〇六）「日本漢詩文の衰亡曲線 漢詩文の伝統はいつ滅びたのか？」（『東アジア比較文化研究』五、東アジア比較文化国際会議日本支部）

（4）田川陽子（二〇一四）「教材としての「日本漢文」についての一考察」（『国語国文学研究』四九、熊本大学）

（5）村田克也（二〇一四）「漱石から漢文単元へ 漢文単元への学習意欲を喚起するみちすじ」（『高等学校国語科授業実践報告集 現代文編Ⅱ 評論・取り組み編』明治書院）

（6）太田亨（二〇一四）「国語における漢語・漢文の位置付け 高校の漢文授業導入期について」（『日本語学』三三‐八、明治書院）

第五章　漢文と古文・現代文の総合化を図った指導

世羅　博昭

一　学習の目標

昭和五三年八月告示の学習指導要領から、従来の「現代国語」と「古典」とに分化されていた国語科の編成を改訂して、両者を総合的に学習させる「国語Ⅰ」「国語Ⅱ」という科目が新しく設置された。この「現代国語」と「古典」とを総合する《総合国語》の編成の仕方は、以後、科目の名称は「国語総合」と変更されはしたが、その基本的な編成方針は現行の学習指導要領にも継承されている。そこで、改めて、その基本的な編成方針に立ち返り、《総合国語》がどのような考え方で導入されたのかを確認し、今後の《総合国語》指導のあり方を検討していきたい。

昭和五三年度告示の学習指導要領では、その設置理由について、「本来両者は、連続した言語文化として把握されるべき一面を持っており、両者を別個に学習すると、その共通性、連続性の面が見失われるおそれがある。殊に古典を学ぶ初歩の段階では、連続性を保った形で学習する方が自然で無理なく学習でき」る（文部省『高等学校学習指導要領解説 国語編』ぎょうせい・昭和五四年五月、九頁）と述べられている。

ここに提示された基本的な考え方は、次のように整理することができるであろう。

①「現代国語」という科目は、表現（話す・書く）と理解（聞く・読む）二領域と「言語事項」からなるが、ここでは、読む領域に限定して、「明治以降の文章（現代文）」は「江戸以前の古典（古文・漢文）」と「連続した言語文化として把握されるべき一面」を持っているとする。

②この両者は「連続した言語文化」であるので、別個に学習すると、「その共通性、連続性の面が見失われるおそれ」がある。そこで、「古典を学ぶ初歩の段階（第一・二学年）」では、両者を「連続性を保った形で」総合的に「学習する方が自然で無理なく学習できる」とする。

この基本的な考え方に立って、「近代以降の文章（現代文）」と「江戸以前の古典（古文・漢文）」とを総合的に学習させるには、どのような指導を展開しなければならないのか。この点について、学習指導要領国語編の作成協力者であった長谷川孝士氏は、『改訂高等学校学習指導要領の展開 国語科編』（明治図書・昭和五三年九月、二四〇頁）の中で、「現代文」と「古典（古文・漢文）」の総合化の図り方について提言されている。その提言をふまえて、その指導のあり方を整理すると、次のようにまとめることができるであろう。

それは、学習者の興味・関心や問題意識をふまえた、教育的にも価値ある主題（学習課題）を設定し、その主題（学習課題）に対する認識の深化・拡充、あるいは学習課題の解決を図ることを目指して、現代文と古典（古文・漢文）の教材を取り上げた単元を編成し（↓教材の総合化）、読む活動を中心に書く・話す・聞く活動（言語活動）を有機的に展開していく（↓言語活動の総合化）、その過程で、読む能力を中心に書く・話す・聞く能力も育てる指導である。学習者の目標は、主題（学習課題）に対する認識の深化・拡充、あるいは学習課題の解決を図ることにあり、指導者の目標は、それとともに、読む能力を中心に書く・話す・聞く能力（↓言語能力の総合化）を育成することにある。

この「一つ主題（学習課題）のもとに現代文と古典（古文・漢文）の総合化を図る指導」には、次のような三つの教育的意義を認めることができよう。

① このような指導を展開すれば、学習者の興味・関心や問題意識をふまえた、教育的にも価値ある主題（学習課題）を設定し、その主題（学習課題）に対する認識の深化・拡充、あるいは学習課題の解決を目指した問題追求型の授業が展開されるので、学習者の興味・関心を高めることができるだけでなく、学習意欲の持続をも図ることができる。

② このような指導を展開すれば、一つの主題（学習課題）のもとに、現代文と古典（古文・漢文）を読み比べていくので、それぞれを個別に読むのと違って、学習者の認識をいっそう深化・拡充させることができる。具体的に言えば、同じ主題（学習課題）のもとで古文と現代文を合わせて読んだ場合には、歴史的視点に立って両者を比較して読むことができるので、日本の文化あるいは日本人のものの見方・考え方・感じ方の連続性（不易性）や非連続性（流行性）を明らかにすることができる。したがって、この学習を通して、学習者は、自分のものの見方・考え方・感じ方の中に昔の日本人と共通するものを発見したり、昔の日本人とは違ったものが存在することに気づいたり、さらには、将来の日本人のあり方について思いを巡らしたりするであろう。また、古文と現代文に漢文を合わせて読んだ場合には、同じ主題（学習課題）に対する中国の昔の人がどのようなものの見方・考え方・感じ方をしていたのかとも比較できて、いっそう幅広い視野に立って、その主題（学習課題）について深く考えることができるであろう。

③ このような指導は、特に古文・漢文学習の意義を自覚させるのに有効である。

このような「一つの主題（学習課題）のもとに、現代文と古典（古文・漢文）の総合化を図る指導」には、大きく、次のような目標を措定することができるであろう。

①〔認識に関する目標〕現代文と古典（古文・漢文）を総合的に読むことを通して、その主題（学習課題）に対する学習者の認識の拡充・深化を図る。

②〔技能に関する目標〕単元の主題（学習課題）に対する認識の深化・拡充、あるいは学習課題の解決を図る過程で、現代文と古典（古文・漢文）を読解する能力を育てるとともに、書く・話す・聞くそれぞれの能力をも育てる。

「一つの主題（学習課題）のもとに、現代文と古典（古文・漢文）の総合化を図る指導」を展開するにあたっては、次の「総合化」をどのように図るかが大きな課題となる。

①〔教材の総合化〕その主題（学習課題）に対する認識の深化・拡充、あるいは学習課題の解決を図るために、どのような現代文と古典（古文・漢文）の教材を総合化した単元を編成するか。

②〔言語活動と言語能力の総合化〕その主題（学習課題）に対する認識の深化・拡充、あるいは学習課題の解決を図る過程で、どのように言語活動の総合化を図り、言語能力の総合化を図るか。

この二つの課題を同時に解決する単元の編成と指導法の開拓が、今後の大きな課題である。

なお、本章では、「言語文化の連続性」の視点から、漢文と古文の関連性にも着目して、「漢文と古文」、「漢文と古文・現代文」の総合化を図った指導のあり方を探っていくこととしたい。

二　実践事例

漢文と古文・現代文の総合化を図った実践としては、「漢文と古文」、「漢文と現代文」、「漢文と古文・現代文」の総合化を図る実践が考えられるが、「一つの主題（学習課題）のもとに現代文と古典（古文・漢文）の総合化を図った」実践としては、「漢文と古文」と「漢文と古文・現代文」の実践しか事例を見出すことができない。そこで、本節では、「漢文と古文」と「漢文と古文・現代文」の総合化を図った実践事例を取り上げて、その実際を紹介するとともに、その成果と課題を明らかにしていきたい。

漢文と古文の総合化を図った実践事例として、単元「古代日本人の知恵―漢文訓読法と万葉仮名の発明―」（世羅博昭）を、漢文と古文・現代文の総合化を図った実践事例としては、単元「文化―年中行事―」（小山清）と単元「人間の生き方を探究する―中国思想を中心に自己の生き方を考える―」（曽根伸之）を取り上げることとする。

1　「漢文」と「古文」の総合化を図った実践事例
―単元「古代日本人の知恵―漢文訓読法と万葉仮名の発明―」（世羅博昭）の場合―

この実践事例は、昭和五七年一学期、広島大学附属高等学校第一学年を対象に、「古典入門」単元として実践されたものである。この実践報告は、『広島大学附属中・高等学校国語科研究紀要』（第一四号・昭和五八年六月）に掲載されている。この実践をふまえた単元例が、文部省編『高等学校国語指導資料　古典の指導―国語Ⅰ・国語Ⅱを中心として―』（ぎょうせい・昭和五九年九月、一九〇～二〇二頁）に収められているので参照されたい。

（1）実践研究のねらい

世羅博昭は、昭和五七年度版「国語Ⅰ」の教科書（一七冊）を対象として、「古文入門」と「漢文入門」の教材編成の仕方を分析し、全ての教科書が古文と漢文を別々に編成していて、古文と漢文の総合化を図った教科書が一冊もないことを明らかにした上で、古文と漢文の総合化を図った指導法には、次のような方法を提示している。

① 比較文学的視点から、たとえば「愛」や「自然」について昔の日本人と中国人がそれぞれどのようなものの見方・考え方・感じ方をしているか、その共通点と相違点を明らかにする指導。

② 日本人が中国の文化（漢字）をどのように摂取・享受しているかを明らかにする指導。

ア．〔内容的側面から〕中国の思想や漢詩文がどのように摂取・享受されているかを明らかにする指導。

イ．〔言語的側面から〕中国の漢字・漢語・漢文を日本人が自らの言語生活の中にどのように摂取・享受しているかを明らかにする指導。

世羅は、過去の古典教育実践を振り返って、〝「徒然草」の「心なしと見ゆる者も」（第一四二段）を取り上げて、兼好が孟子の思想の影響をどのように受容しているかを明らかにする指導や、「枕草子」の「雪のいと高う降りたるを」（日本古典文学大系・第二九九段）を取り上げて、白楽天の詩がどのように享受されているかを明らかにする指導など、内容的側面から古文と漢文の総合化を図る指導法はかなり幅広く実践されている。しかし、一つ主題（学習課題）のもとに古文と漢文の総合化を図った指導例や、言語的側面から古文と漢文の総合化を図り、我々の祖先が日本語とはまったく異なる言語である中国の文章（漢文）や中国の文字（漢字）をどのように摂取してきたかを明らかにする指導例は、まったく見られない〟と指摘した上で、言語的側面から古文と漢文の総合化を図る指導を展開したいとして、以下の実践を行っている。

（2）単元「古代日本人の知恵―漢文訓読法と万葉仮名の発明―」の実践

① 単元のねらい

世羅は、固有の文字を持たなかったわが祖先は、四世紀の終わりの頃、わが国に伝えられた中国の漢字・漢語・漢文を長い年月かけて自らの言語生活の中に取り入れる努力をしてきた結果、漢字の音・訓を借りて日本語を表記する「万葉仮名」、さらには、「平仮名」「片仮名」文字を発明したこと、また、中国の文章（白文）を日本語として読む「漢文訓読法」を案出したことを述べた上で、本単元では、この「万葉仮名」と「漢文訓読法」を案出・発明した古代日本人の知恵と苦心の跡を学ばせるという目標を掲げている。

② 単元の教材編成

古文教材は、自作教材「万葉の歌―その心と文字と―」（詞書と語注を付した資料）と参考資料「日本文学の流れと文字の関係」「瀬戸内海の旅」（地図と解説）を用いている。「万葉の歌」の中身は、「山陽路・広島を旅していた万葉人の歌」（風早、倉橋島・桂が浜、鞆の浦で詠んだ歌三首）である。そのうち、「鞆の浦」の歌の教材化例を挙げると、次のようである。

◇鞆の浦　天平二年庚午冬十二月、大宰帥大伴卿《だざいのそちおほともきやう》の、京《みやこ》に向かひて上道《じやうだう》せし時に作りし歌五首（その一首）

（吾妹子《わぎもこ》が　見《み》し鞆の浦の　むろの木は　常世《とこよ》に有れど　見し人ぞなき）

446　吾妹子之　見師鞆浦之　天木香樹者　常世有跡　見之人曽奈吉

（注）天平二（七三〇）年冬十二月、大宰府に左遷されていた旅人は許されて上京。船旅。妻を大宰府で亡くして、妻を伴わない旅をしている。

後の二首（三六一五・三六一七番歌）は、それぞれ詞書と万葉仮名（漢字）だけ示して、その読み方は伏せてある。漢文教材は、使用教科書『国語Ⅰ』（学校図書）所収の「古典としての漢文（解説文）」「格言（二一篇）」「故事（矛盾）」を使用している。

③　指導の実際（八時間）

この指導の概略は、次のようである。

1　単元の導入…単元「古典入門」全体の授業構想と学習目標を明らかにする。（0・5時間）

2　第一次「万葉の歌―その心と文字と―」の指導（2時間）

(1)〔導入〕学習課題「文字を持たなかった古代日本人がどのように漢字を借りて日本語を表記したのか、その苦労の跡を探る」ことを確認する。

(2)万葉時代の、難波・筑紫間の旅（約一か月の船旅）の辛さを想像させる。

(3)瀬戸内海地図で、鞆の浦・風早・倉橋桂が浜の位置を確認させる。

(4)大伴旅人の四四六番歌を用いて、万葉仮名には、漢字の訓を借りたもの（↓妹・子・鞆など）や漢字の音を借りたもの（↓師・曽・奈など）、「天木香（ムロ）」のように当て字したもの、「之」のように「ガ」「ノ」「シ」などさまざまな読み方を持つもの、動詞の活用語尾や助詞のように漢字が当てられていないものなど、万葉仮名のさまざまな読み方があることに気づかせる。

(5)風早と倉橋桂が浜の歌を取り上げ、クイズ方式を用いて、昔の人になり代わって、学習者自身に辞書で漢字の音・訓を調べて歌の読み方（仮説）を発表させ、最終的に一つの読み方（通説）に至る学習を展開した後、それぞれの歌の内容を読み味わわせる。学習者は、万葉仮名の読み方を辞書を用いて調べる学習の過程で、万葉集の時代には、漢字音には呉音・漢音・唐音があるのに、呉音が主流であったことを発見するに至っている。

(6)三首とも万葉仮名のままで音読を繰り返しながら、自然に暗誦できるように仕向けるとともに、三首を読んだ感想を発表させる。

3　**第二次「中国の格言と故事」の指導**（3・5時間）

(1)中国から入ってきた漢字・漢語・漢詩文がどのようにわが国の文化を産み出していったか、概略を説明する。

①漢字→（借用）→万葉仮名→（借用）→平仮名・片仮名の発明

②漢詩文→（摂取・受容）→漢文訓読法の発明→（書き下し文）→漢字仮名交り文体の誕生

(2)日本語とは異なる言語である漢文（白文）が日本に入ってきたとき、古代日本人がどのように漢文訓読法を産み出したのか、それを追体験させるために、白文「日暮途遠。」と「少年易老学難成。」を提示して、その読み方を考えさせる。この体験を通して、古代日本人の知恵と苦労を感じとらせる。（以上、0・5時間）

(3)「格言（二一篇）」の指導（2時間）

①二一篇の格言を繰り返し音読し、訓読の基本を身につけさせる。

②家庭学習で、ア．各自の知っている格言を書き抜く、イ．自分の理解している格言の意味用法を書いた後、辞書で確かめる、ウ．一つの格言を選び、その格言との出会い、あるいはその格言に対する感想を書く、個別作業をした上で、課題イ・ウについて発表をさせる。

(4)「故事（矛盾）」の指導（1時間）

①「矛盾」の文章を繰り返し音読し、すらすらと読むことができるようにさせる。

②登場人物の関係とそれぞれの会話主を読みとらせる。

③「其人弗能応也」の読み方と意味を把握させた後、なぜその人が応えられなかったのかを読みとらせる。

(3) この実践事例に対する考察

この事例は、高等学校古典入門段階の指導として、中国から日本に入ってきた漢字・漢語・漢文を古代日本人がどのように摂取・享受してきたのかに焦点を据えて、漢文と古文の総合化を図った、意欲的な実践研究である。その成果と今後の課題を明らかにしたい。

①　単元のねらいについて

世羅は、「（万葉仮名に対して）漢字をまるで母国語のように使いこなしているんだもの…感心してしまいました。なんだかパズルでもやっているようで、すごくおもしろかった。」や「（漢文訓読法に対して）日本の言葉づかいとはまったく違う中国の文章（白文）にレ点や一・二点、さらには送りがなをつけて日本語として読んでいくことを発明した日本人はすごいですね。」など、学習者の反応を紹介した上で、古文と漢文の総合化を図った実践は、「授業中の反応もそうであったが、これら生徒の感想をみても、このたびの指導によって、生徒の知的好奇心を刺激することができただけでなく、日頃、何とも思わないでいる言語文化や自らの言語生活を新たな視点から見つめ直させたと思う。」と述べて、単元のねらいはまずまず達成できたとしている。

世羅実践のように「万葉仮名」や「漢文訓読法」を取り上げた実践は、その例を見ない。世羅実践は、新しい「古典入門」単元を開発した画期的な実践であると言っても過言ではなかろう。漢文訓読法をただ漢文の読み方を学ばせるために学習させるのではなく、古代日本人が長い年月をかけて産み出した一つの文化として学習させるという指導は、今後広く実践の場で試みられることが期待される。

②　単元の教材編成について

従来、「万葉の歌」と「漢文訓読法」の学習は、それぞれ別々に学習させるのが一般であるが、世羅実践では、古代日本人が中国の漢字や漢文をどのように摂取・享受しているかという視点から、漢文と古文の総合化を図った教材化と実際の授業を展開したところに、この実践の価値がある。

古文教材の「万葉集の歌」は、世羅も、郷土広島にゆかりのある旅の歌（愛の歌、望郷の歌）を取り上げていたので、「生徒の反応はまずまずであった」と述べているように、学習者は「万葉仮名」の学習だけでなく、歌の内容にも興味をもって取り組んだようである。漢文教材については、漢文訓読法を学ばせる目標からすればこれでよかったと評価できるが、世羅も指摘しているように、さらに生徒の学習意欲を高めるためには、古文教材と同じように、漢文教材も「旅を詠んだ漢詩」を取り上げて、「万葉の歌」と比べるようにすれば、もっと学習者は意欲的に学んだことであろう。たとえ言語的側面からの指導であっても、教材の内容が学習者の興味・関心をひくものでなければ、指導の成果をあげることはできない。

③　単元の指導過程と指導方法について

世羅実践の単元の展開を整理すると、次に掲げる表のようにまとめることができよう。

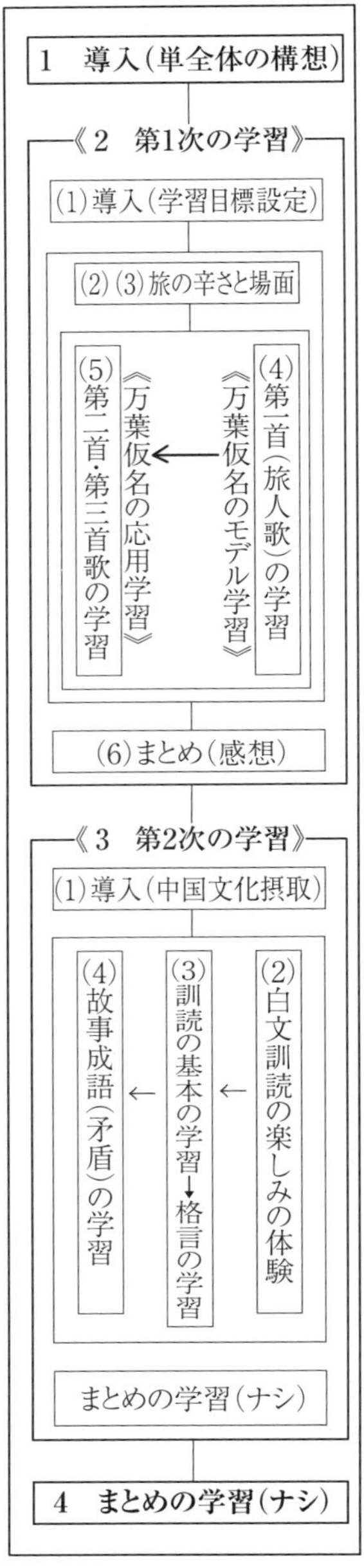

この表を見てまず気づくことは、単元の導入段階には、これから学習する単元全体の構想と学習目標の説明が位置づけられているのに、単元の最終段階に、古文学習と漢文学習とを振り返って総合化する「まとめの学習」が位置づけられていないことである。単元の導入では、何を目指して、どのような学習をして、最後にどんな発表（表現）の場があるかを明確にすることが、学習者が目的的な学習をするポイントである。また、単元の導入段階では、世羅も課題に挙げているが、さらに、学習者がその単元の学習をする必然性をどのように生み出すかという点も、学習者が意欲的・主体的な学習をする上で大きな課題である。

次に、これまた世羅自身の指摘であるが、このたびの〈万葉仮名→漢文訓読法〉の学習という順序は、古代日本人が中国の漢字・漢語・漢文を摂取・受容していった順序とは異なるので、逆に、〈漢文訓読法→万葉仮名〉の学習という順序に学習をさせていった方が自然であったのではないかと考えられる。

最後に、言語活動の総合化および言語能力の総合化の視点からみると、世羅実践は、〈第一次⑷→⑸の学習〉は、〈⑷モデル学習（指導者による万葉仮名の指導）→⑸応用学習（体験学習／学習者による個別学習→発表学習→まとめの学習）〉という展開になっていて、読む・話す・聞く言語活動が有機的に展開される過程で、読む・話す・聞く言語能力を総合的に育成する機会と場が用意されている。また、〈第二次⑶―②〉は、調べ学習（読む・書く）→体験・感想の記述（書く）→発表し合う（話す・聞く）という展開になっている。このように、学習者が意欲的・主体的に学習する過程で、読む・書く・話す・聞く言語活動が有機的・総合的に位置づけられ、国語科として育成すべき国語学力・言語能力が総合的に鍛えることが目指されている点は、大いに評価できる。

以上、世羅の反省と課題のまとめに即して、この実践の考察を展開してきたが、今後、世羅の提起した視点からの「漢文と古文の総合化を図った」実践が期待される。

2　漢文と古文・現代文の総合化を図った実践事例（1）
―単元「文化―年中行事―」（小山清）の場合―

この実践事例は、昭和五六年六月、広島大学附属中・高等学校第一学年を対象に、「文化―年中行事―」という主題のもとに、漢文と古文・現代文の総合化を図った実践である。この実践は、『広島大学附属中・高等学校国語科研究紀要』（第一三号・昭和五七年六月）と『月刊国語教育』（東京法令・昭和五七年一二月号）に報告されている。ここでは、後者の報告を中心にこの実践を考察する。

（1）実践研究のねらい

広島大学附属中・高等学校国語科（八名）は、昭和五三年度告示の新学習指導要領が目指す《総合国語》の方向性を評価して、現代文と古典（古文・漢文）とを一つの主題で結ぶならば、文化の連続性が浮き彫りにされ、古典学習の活性化にもつながると考えて、昭和五四年度から五年間にわたって、「国語Ⅰ」「国語Ⅱ」における「一つの主題のもとに現代文と古典（古文・漢文）の総合化を図る」実践研究を展開している。小山清も、同校国語科の一人として、「主題単元による総合化」こそが、「国語Ⅰ」「国語Ⅱ」の授業改善のポイントであると考えて協同研究に取り組んでいる。

同校国語科では、どんな主題で単元を編成するかを検討して、「自我・愛・旅・戦争・歴史・自然・社会・文化・言語・芸術」という一〇の主題を設定し、それぞれの主題による現代文と古典（古文・漢文）の総合化を図った実践研究を展開している。（↓『広島大学附属中・高等学校国語科研究紀要』（第11号〜第15号・昭和五五年六月〜昭和五九年六月）参照）

ここで取り上げる事例は、小山が、同校国語科が設定した主題のうち、「文化」という主題を担当して、昭和五六年度に実践した単元「文化―年中行事―」の実践である。

（2）単元「文化―年中行事―」の実践

小山は、広島大学附属中・高等学校の第一学年を対象に、第一学期、「文化―年中行事―」という主題のもとに、漢文（漢詩）・古文（随筆）・現代文（評論）を教材として採り上げ、次に掲げる表のような一五時間の授業を展開している。

表3

単元名	単元設定の趣旨	配当時間
文化 ――年中行事――	人間は、長い年月にわたって営々として生活を重ね、文化を築き上げてきた。その生活様式を特色づける年中行事にこめられた昔の人の思いを明らかにするとともに。今後どのように生かしていくかを考えさせる。	15

指導計画

次	教材	領域			時間	学習目標（内容）	学習目標（技能）	指導者	出典
	単元設定の説明				0.5				
1	ひな祭りの心／鯉のぼり」（荒垣秀雄）	理解	現代文	評論	2.5	上巳（三月三日）・端午（五月五日）の行事にこめられた昔の人の思いをとらえる。	•論点の根拠をとらえる。 •筆者の視点、立場を見定める。	小山	『季節の余白』（朝日新聞社）
2	〈印象に残る年中行事〉	表現			1	年中行事に対する興味、関心を喚起する	•感動的な題材を選ぶ。 •体験を正確に掘り起こす。	小山	
3	「折節の移り変るこそ」（吉田兼好）	理解	古文	随筆	3	季節の移り変わりと祖先の生み出してきた年中行事とのかかわりを確かにする。	•作者の感動のありかをつかむ。 •判断の妥当性を考える	小山	『徒然草 一九段』（教科書）
4	「迢迢牽牛星」（無名氏） 「七夕」（呉自牧）	理解	漢文	詩	2	七夕（七月七日）・重陽（九月九日）にこめられた中国の昔の人の思いをとらえる。	•情景をイメージ化する。 •作者の中心感情をつかむ。	小山	（教科書）
	「九月九日憶山中兄弟」（王維） 「九月九日四民竝籍野飲食」（宗懍）	理解	漢文	歳時記・詩	2		•構成要素を分析する。 •作品の背景をさぐる。	小山	（教科書） 『前楚歳時記』（平凡社）
5	「祭と季節」（柳田国男）	理解	現代文	評論	2	祭（年中行事）の果たしてきた役割をとらえるとともに、現代社会における意義を考える。	•比較、対照によって解釈する。 •筆者の視点、立場を見定める。	小山	『年中行事覚書』（修道社）
6	〈これからの年中行事〉	表現			1	年中行事に対する感想、意見を定着する。	•事実と意見とを区別する。 •各自の視点、立場を高める。	小山	
	単元のまとめ				1				

なお、この表は、同校国語科が単元構想が一目で分かるようにと願って工夫したものである。この単元表にもとづいて小山実践は展開された。実際の指導がどのように展開されたかはここでは報告されていないので、ここでは、この表をもとにして小山実践を考察していきたい。

(3) この実践事例に対する考察

① 単元のねらいについて

小山が「単元設定の趣旨」にも述べているが、この単元は、学習者の日常生活に根づいている「年中行事」の中から、桃の節句、端午の節句、七夕、重陽の節句と祭を取り上げて、それぞれの年中行事にはどのような昔の人の思いが込められているかをとらえさせることと、学習者が今後それらの行事をどのように自らの生活に生かしていくかを考えさせることが目標に掲げられている。学習者の生活から国語教室の学習を立ち上げ、国語教室の学習を今後の生活に結びつけていく《生活→国語教室の学習→生活》という、生活に生きて働く単元の学習が目指されている、すぐれた実践事例である。

また、主題による単元の授業は、内容追求中心の授業となって、読みの力が鍛えられないという批判を受けることが多いが、その批判を乗り越えるために、広島大学附属中・高等学校国語科では、昭和五六年度から学習目標に「内容」にかかわる目標と「技能」にかかわる目標を掲げている。いわゆる主題単元の学習では、この二つの目標を同時に達成することが目指されなければならない。

② 単元の教材編成について

学習者の「年中行事」に対する認識の深化・拡充を図るために、漢文教材は「漢詩」と中国の「歳時記」、古文教材は「徒然草」(随筆・第一九段)、現代文教材は「随筆」と「評論」を取り上げている。小山は、年中行事の中でも、特に「節句」に着目して、三月三日の上巳の節句（ひな祭り）、五月五日の端午の節句（鯉のぼり）、七月七日の七夕の節句（七夕）、九月九日の重陽の節句（菊の節句）にかかわる漢詩（漢文）・随筆（古文・現代文）・評論（現代文）教材を発掘して単元を編成している。古文教材として取り上げられた『徒然草』の第一九段「折節の移り変るこそ」を「年中行事」の視点から読むのは、ユニークでおもしろい試みである。

③　単元の指導過程と指導方法について

この単元の指導過程の構造を整理すると、次のようになるであろう。

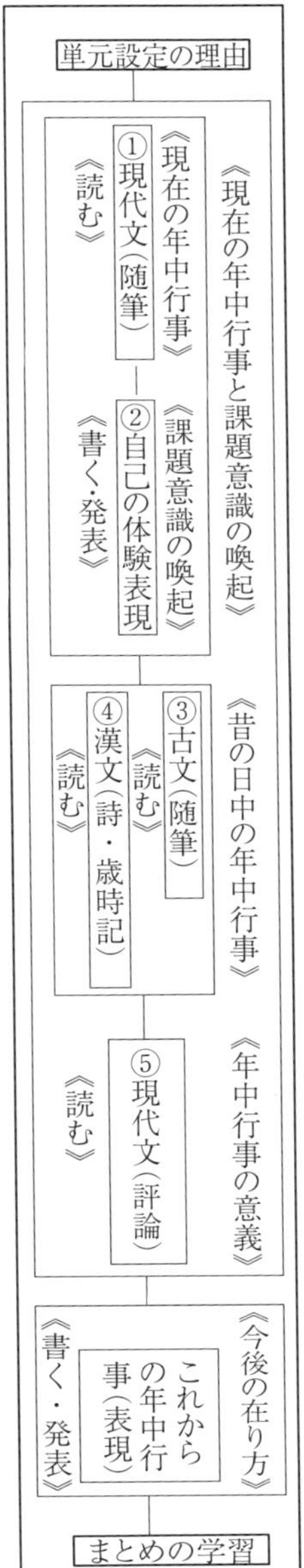

この単元の最終目標は、「これからの年中行事」に対する学習者の認識を高めることである。この最終目標を目指して、①現在の年中行事について書かれた随筆を読んだ後、②自己の年中行事の体験を書いて発表する（この段階では年中行事に対する学習者の課題意識の喚起を図っている）、③随筆や詩などで、日本と④中国の昔の年中行事に込められた思いを読みとった後、⑤年中行事の役割と現代社会における意義について考え、⑥最後に、これからの年中行事に対する感想・意見を表現する（書いて発表し合う）という展開をとっている。年中行事に関する古文・漢文・現代文を並列的に学習させるのではなく、年中行事に対する学習者の認識の深化・拡充を図るために重層構造的に教材が配列された、現代文・古文・漢文の総合化がみごとに図られた実践例である。

さらに、学習者が最終ゴールを目指して、読む・書く・発表する・読む・書く・発表する言語活動が有機的に展開される過程で、それぞれの言語能力が育てられるように単元が仕組まれている。この点の押さえが欠けると、国語科の授業ではなくなる。まことに心配りの行き届いた実践で、学ぶところは多い。

また、小山は、昭和五八年度、高校二年生を対象に、漢文「桃花源記」・古文「大和物語」・現代文「遠野物語」「楢山節考」を教材化して、単元「社会―理想と現実―」の授業を展開している。公開授業では、①「大和物語」とB「楢山節考」の共通点と相違点をとらえさせる、②その相違点はどこから生じたのかと発問して、Aは個人的な人間関係で、Bは村の掟を破ることはできないからだということをとらえさせる、④もう少し深く説明せよと発問して、Bは口減らしのために山へ追いやっていること、その根底には貧困が横たわっていること、連れて帰らないということは死に通じるのだということをとらえせていく、という授業の展開をとっている。学習者の認識の深化・拡充を図るために「比較法」を用いて、両者の「共通点」と「相違点」を明らかにし、次に、その相違点がどこから生まれるのか、その根拠をさらに究明させている。この授業展開法はたいへん参考になる。詳しくは、『広島大学附属中・高等学校国語科研究紀要』（第15号・昭和五九年六月）を参照されたい。

なお、小山実践と同じように、漢文・古文・現代文の総合化を図った実践事例としては、①単元「歴史―時代に生きる人々―」（長谷川滋成・世羅博昭／『広島大学附属中・高等学校国語科研究紀要』第13号・昭和五七年六月）あるいは、「高等学校（国語Ⅰ・Ⅱ）における『読むこと』の指導―主題を軸とした現代文と古典の『総合化』をめざして―」（世羅博昭／全国大学国語教育学会編『読むことの教育と実践の課題』明治図書・昭和六〇年二月）、②単元「カゲロウ―生をみつめて―」（牧本千雅子『ひびきあう　高校国語教室を求めて』夕月書房・平成一四年九月）、③単元「総合単元の学習指導」（富田克己／所収『高等学校国語科新しい授業の工夫20選 第3集』大修館出版・昭和六一年七月）などがある。いずれの実践も学ぶべき点は多い。

3　漢文と古文・現代文の総合化を図った実践事例（2）
―単元「人間の生き方を探究する―中国思想を中心に自己の在り方生き方を考える―」（曽根伸之）の場合―

この実践事例は、高等学校第二学年を対象に、第一学期、古典（漢文）に中心をおいて、漢文・古文・現代文の総合化を図った実践である。この実践報告は、日本国語教育学会編『国語単元学習の新展開　高等学校編』（東洋館出版・平成四年八月、一六五～一八〇頁）に掲載されている。

（1）実践研究のねらい

曽根伸之は、「『読む』ことのおもしろさとは、『読める』おもしろさであり、また、読み味わい、『考える』おもしろさでもある。古典教材への生徒の興味と関心を高める第一は、読めるようにすることであるが、それは、読もうとする内容への関心に支えられ、かつ、それによって深められていくものであろう。」という大前提に立って、漢文の授業を「訓読と口語訳のみの授業にとどめていたのでは、漢文は一向に、受け身の、敬遠された域をを越えないものとな」っている漢文の授業を改善して、漢文の授業を通して、「高校生という自分を模索する世代の主体性を大いに生かして、生徒個々が現実を見据え、自らの在り方、生き方を考えていく」場にしたいと考えて、漢文・現代文・古文教材の総合化を図った、この単元の実践を行っている。

なお、曽根は、漢文思想教材は、「生徒たちの置かれる人間性欠如の殺伐とした諸々の状況に対処した、人間理解をめざす心の教育の重要な処方箋となりうる」と考えていて、「生徒たちが学ぼうとするのは、過去の思想や歴史ではなしに、今、現実に生きている自己とにかかわった思索である。」との考え方に立って、「中国思想を中心に自己の在り方生き方を考える」単元の実践をしたいと考えているのである。

(2) 単元の教材編成

① 漢文思想教材（教科書教材）

A．子曰、「学而時習之、不亦説乎。有朋、自遠方来、不亦楽乎。人不知而不慍、不亦君子乎。」（学而）

B．子曰、「学而不思則罔、思而不学則殆。」（為政）

C．子曰、「由、誨女知之乎。知之為知之、不知為不知。是知也。」（為政）

D．子曰、「過而不改、是謂過乎。」（衛霊公）

E．子曰、「巧言令色、鮮矣仁。」（学而）

F．子貢問曰、「有一言而可以終身行之者乎。己所不欲、勿施於人。」（衛霊公）

G．孟子曰、「仁人心也。義人路也。舎其路而弗由、放其心而不知求、哀也。人有鶏犬放、則知求之、有放心、而不知求。学問之道無他。求其放心而已矣。」（告子上）

② 現代文教材（自作教材）

H．神谷美恵子「学ぶということ」（『こころの旅』の第四章「ホモ・ディケンス」より・日本評論社）

I．プラトン「無知の知」の一節（『ソクラテスの弁明』（角川文庫・昭和二九年八月、八〇〇字程度）

J．中村光夫「現代の表情」の一節（『中村光夫全集　第12巻』筑摩書房、九〇〇字程度）

③ 古文教材（自作教材）

K．吉田兼好「賢げなる人も…」（『徒然草』第一三四段、岩波古典文学大系

(3) 指導上の留意点

曽根は、この単元の指導で重視した点は、家庭学習（予習）内容の明確化、「整理プリント」による表現活動の

細分化、必要に応じたグループによる学習（ディスカッション）、各時における主題並びに学習課題の設定、単元の総括としての作文の演習などである。

（４）指導の実際

曽根氏の指導の実際は整理すると、次の表のようにまとめることができる。

第一時《学習主題＝「学ぶ」目的を考える―自己啓発のために―》（教材＝漢文Ａ・Ｂ、現代文Ｈ）

(1)　漢文教材Ａ「学而時習之…」を音読し、反語・感嘆表現の学習、口語訳をした後、本時の目標（自分は何のために学んでいるのか）を設定する。

(2)　漢文教材Ａの「思ふ」の意味について考えさせた後、課題ａ「『人知らずして慍みず』について、自分に照らしてどう思うか。」について話し合わせる。

(3)　漢文教材Ｂ「学而不思則罔…」を読解した後、課題ｂ「孔子にとって『学ぶ』目的は何か。」について考えさせる。この課題は生徒にとってむずかしく、十分な理解は得られなかったようである。

(4)　そこで、現代文教材Ｈ（神谷美恵子「学ぶということ」）を配布して、課題ｃ「（筆者は）学ぶということをどう定義しているか）について各自に考えさせ、神谷美恵子の考えに触れることを通して、「思ふ」ことと「学ぶ」ことの総合の中にある真に「学ぶ」ことの意味を深く認識させようとしている。

(5)　課題ｂについて各自の考えたことを「整理プリント」に書いて提出させる。

第二時《学習課題＝「知る」ことの意味―生き方、現代文化を考える―》（教材＝漢文Ｃ、現代文Ｉ、古文Ｋ）

(1)　現代文教材Ｉ（プラトン「無知の知」）を音読させた後、課題ｄ「ソクラテスはなぜ告発されたのか」について考えさせる。生徒たちの「知らないことを暴露したから」という答えを受けて、これが人間の生き方と知（哲学）への出発点である旨の説明を加えている。

（3）漢文教材Cの「知之為知之…」と、前時に配布して、予習（辞書による語句調べとノートへの整理、口語訳）をさせてある古文教材K『徒然草』（第一三四段）を音読し、文法解説の後、口語訳を行わせている。

（4）課題e「自分を知るとはどういうことだろうか。」を提示して、これまでの現代文・漢文・古文の三教材を読み合わせながら、各自の考えを「整理プリント」にまとめて、提出させる。『徒然草』では、「賢げなる人」として兼好の挙げている例を挙げさせることを通して、己を知るとは何かを深く考えさせるようとしている。

第三時《学習課題＝作文》（教材＝現代文J）

（1）現代文教材J」（中村光夫の「現代の表情」、九〇〇字程度）を教材として配布して、「ラジオの声は何ゆえに虚像をつくるのか」と「筆者は『現代』をどう批評しているか」の二点に着目して読解して上で、現代では、身の回りに氾濫している情報の中に「虚像」を見出すことが「知る」ことの課題であることに気づくように仕向けている。

（2）《グループ学習》課題f「われわれの生活の中に『知っている』と思い込んでいる虚像はないか。」について、六～八人のグループで話し合わせる。グループ学習では、マスコミ論、流行論、読書論、広告論など、種々の現代の虚像の例が取り上げられたようである。

第四時《学習課題＝「仁・こころ」―生き方を考える―》（教材＝漢文E・F・G）

（1）未習の漢文教材の訓読や口語訳を試みさせながら、儒家思想における「仁」「仁義」について説明を加えた後、この単元で読んだ漢文教材の中からもっとも印象に残った文章を暗唱文として選択し暗誦するようにさせている。

（2）次時の作文の課題として、これまでに提出させていた各自の「整理プリント」（文章構想メモ、学習内容に関連して自分の周りに起こっている出来事のメモ、意見、感想のまとめとしての中心文のメモが記せるように欄が設けてある）を返却し、それらを読み返してもっとも印象的であった事柄を整理するように「構想メモ」を配布している。

第五時《学習課題＝「学・知・仁」について考える》（教材＝作文、友人の作文についての感想）

（1）「構想メモ」をもとに作文を書かせる。「構想メモ」に身の回りの出来事を書かせたのは、生徒が先哲の思想と自分の身の周りで起こっていることと関連づけて考えさせて、それを表現する力を身につけようとしたものである。

第六時《学習課題＝全体のまとめ》
(1)　友人の作文を読んで、それに対する感想を書かせる。相互に読み合うことを通して、友人の文章の中にこれまで自分が判然としなかったことの解決の糸口を発見したり、これまで抱いていた不安から解消されたりする機会が生まれることを期待していたようである。

(5)　この実践事例に対する考察

①　単元のねらいについて

曽根は、訓読と口語訳に終始する漢文授業を乗り越え、「(生徒個々の)主体性を大いに生かして、生徒個々が現実を見据え、自分の在り方、生き方を考えていく」漢文の授業を創造したいという熱い思いをもって、「自己の在り方、生き方を考える」という主題のもと、漢文の思想教材を中心に据えて、現代文の評論教材や古文の随筆教材との総合化を図った指導を展開している。この学習後に、「先生の古典の授業は考える授業なんだね」と述べた生徒がいたという。この一言は、まさにこの単元のねらいが達成されたことを示すものである。曽根実践は、学習者の興味・関心や問題意識をふまえた主題を設定して、その主題に対する学習者の認識の深化・拡充を図る、まことに意欲的な試みである。

②　単元の教材編成について

教科書の漢文教材を「学」「知」「仁」の三つの観点から整理して、それぞれに学習目標(「学ぶ目的を考える―自己啓発のために―」「知ることの意味―生き方、現代文化を考える―」など)を設定して、その学習目標の解決を図ると、単元全体の目標である、学習者一人ひとりが「自己の在り方、生き方を考える」ことができるように、漢文・古文・

現代文の教材の総合化が図られた教材編成がなされている。しかも、学習者の現実の生活と切り結び、学習者を教材の内容と対峙させ、自らの生きることと結びつけて考えさせる学習が成立するように単元の教材編成を行っている。このような教材化がなされれば、国語教室は、教材の内容を学ぶ学習にとどまらないで、「自己の在り方、生き方を考える」を考える学習の場となる。

③　単元の指導過程と指導方法について

この単元の指導過程の構造を整理すると、次頁のようにまとめることができるであろう。

まず、単元の展開に着目すると、毎時間の最初にその時間の学習目標が明確に提示されて、しかも、それぞれの教材を読みとるための下位の学習課題が設定されている。学習者はその学習課題の解決を目指して、読解したり、

グループで話し合ったり、自分の考えを書いたり、書いたものを読みあったり、さまざまな読む・書く・話す・聞く言語活動を展開する。その過程で、読解力を中心に、書く・話す・聞く言語能力を鍛える機会と場が位置づけられている。言語活動の総合化と言語能力の総合的な習得を目指した、すぐれた実践である。

いわゆる主題単元学習においては、主題（学習課題）に対する認識の深化・拡充を図ることばかりが目指されて、国語学力・言語能力を鍛えることが見落とされがちになる。国語科の目標は、話す・聞く・読む・書く言語能力（言語事項も含む）を育てることと、もの・ことに対する認識（→ものの見方・感じ方・考え方）の深化・拡充を図ることにある。国語科授業では、この二つの目標が同時に成立する授業を目指すことが求められる。

このような国語科授業を成立させるためには、学習者が学習課題の解決を図ることを目指して、学習者の認識の深化・拡充を図る過程に、どのように国語学力・言語能力を鍛える機会と場を位置づけるかが大きな課題となる。曽根実践では、ワークシート型の「整理プリント」を用意して、課題作文の書き方を手引きしている。このワークシート型の手引きをさらに発展させて、大村はま先生が開発された「学習の進め方の手引き」「心を耕すための手引き」「話し合いの台本型の手引き」など、教師のさせたいことを学習者がいつの間にかしてしまう手引きの開発が強く求められる。（→大村はま『新編 教室をいきいきと2』ちくま学芸文庫・平成六年七月）

以上、曽根実践を考察してきたが、本格的な単元学習に発展する可能性を秘めた実践研究なので、今後の課題も合わせて述べた次第である。

なお、曽根実践と同じように、漢文思想教材を中核に据えながらも現代文教材との総合化を図った実践例としては、①小路口真理美「『親しむ』読みから『考える』読みへ―漢文教育の可能性を開く試み―」（『プロブレマティーク―文学・教育 第7号』平成一八年一〇月）、②根本正純「漢文教材を中心にした比較学習の指導法―主題への接近を豊かにする読解指導―」（東京法令・昭和六一年一二月）、③河野文男「『奥の細道』を旅し李白と詩の世界（自然）

を訪ねる」（『ことばの学び手を育てる国語単元学習の新展開 高等学校編』東洋館出版・平成四年八月）が参考になる。

三　授業デザインの視点―今後の実践の視点と課題―

1　三実践の概括的整理

まず初めに、〈教材の総合化〉の視点から、これまでの実践を整理しておきたい。

広島大学附属中・高等学校国語科によれば、「一つの主題のもとに漢文・古文・現代文の総合化を図った指導」の方法としては、基本的に、次の二つの方法があるという。（→『広島大学附属中・高等学校国語科研究紀要 第13・14号』（昭和五七・五八年六月）、文部省編『高等学校国語指導資料 古典の学習指導―国語Ⅰ・国語Ⅱを中心として―』（ぎょうせい・昭和五九年八月）参照）

① 並列型…同じ主題の漢文・古文・現代文教材を並列して比較する。思考・認識を広げるのに有効である。

② 重層型…同じ主題の漢文・古文・現代文教材を並列して比較するだけでなく、単元の初めの段階や最後の段階に現代文（評論など）を位置づけて重層的な教材の配列をする。思考・認識の深化に有効である。

この並列型と重層型の単元の展開を次のように構造化している。

並列型

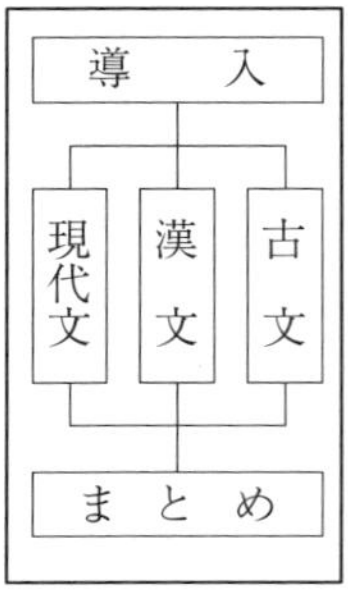

重層型

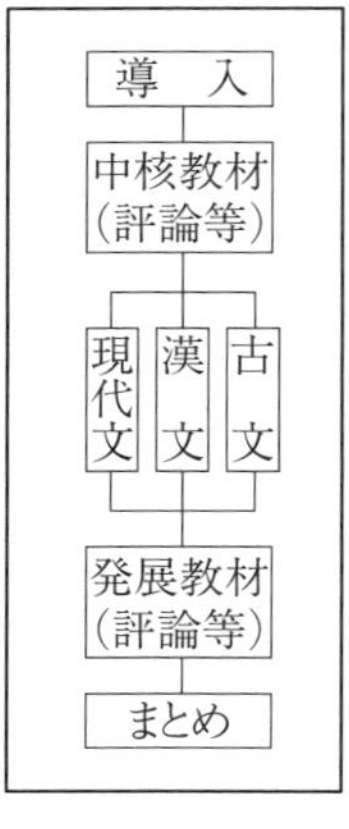

この分類によると、小山実践は重層型、曽根実践は並列型と重層型の併用といえる。主題に対する認識の深化・拡充を図ることを目指すと、やはり、重層型の方が学習者の認識の深化・拡充を図るためには有効である。これに対して、世羅実践は、漢文教材と古文教材をヨコ関係に並べて比較するのではなく、漢文（漢字・漢文）を古代日本人にどのように摂取・受容しているかを明らかにするために、漢文教材と古文教材をタテの関係でとらえて位置づけている。この方法はこの方法で、学習者の認識を深化・拡充させるのに有効に働いている。

次に、〈言語活動の総合化〉と〈言語能力の総合化〉の視点から、これまでの実践を整理しておきたい。

小山実践は、基本的に、一斉授業形態による発問応答型の授業で、漢文・古文・現代文教材を読み比べることによって、主題に対する学習者の認識の深化・拡充を図っていく過程で、漢文・古文・現代文の読解力を鍛えていくことを中心に据えた指導である。これに対して、世羅実践と曽根実践は、ただ読みの学習だけでなく、調べ学習、クイズ方式の学習、グループ学習、書く活動や発表し合う活動などを位置づけていて、読む力だけでなく、書く・話す・聞く力を総合的に鍛えようとする機会と場が仕組まれている。言語活動の総合化と言語能力の総合化が合わせて目指された実践である。ただ、両実践ともに、学習者の興味・関心や問題意識をふまえて単元を立ち上げたのではなく、教科書の教材等から出発して単元が立ち上げられ、主題に対する学習者の認識の深化・拡充を図る過程で、言語活動の総合的な展開を図り、言語能力が総合的に鍛えられるように単元が展開されている。

次に、特に強調しておきたいことは、世羅・小山・曽根の三実践ともに、国語教室の学習を学習者の生活と切り結ぶことを通して、すなわち、学習者に「当事者意識」を強く持たせることを通して、主題に対する学習者の認識の深化・拡充を図った実践である。教材の内容と学習者の生活を切り結ぶ指導を展開すると、学習者にとって、国語教室の学習が今を生きることにつながるので、学習者が意欲的に自らの生き方をも考える学習の成立を図ることができるのである。

2　今後の授業づくりの視点と課題

戦後から現在に至るまで、高等学校における漢文の授業は、教科書の配列順序に従って漢文教材を教えていくという、教科書教材第一主義の《教材を教える》授業が、実践の場では主流であり一般である。戦後すぐの「一教材一単元」式の教科書であっても、その後の「ジャンル単元」にもとづく教科書であっても、基本的に、教科書教材第一主義の《教材を教える》授業は変わらない。それに対して、学習者を中心に据えて、学習者の興味・関心を重視する「主題単元」にもとづく授業はなかなか実践の場に根づかない。

ところが、意外なことに、戦後すぐの昭和二五年二月、中西清は『漢文の單元學習』（金子書房）を刊行し、「主題単元」を編成して漢文の単元学習構想案を提示している。文部省著作教科書『中等國語(4)二』（昭和二三年三月・中等學校教科書株式會社）は「一教材一課」方式による一一課からなる教科書であるが、中西は、この教科書教材「孔子と子路」（中島敦『弟子』の一節）と「孔子とそのことば」（論語）を合わせて、単元主題「孔子」のもとに、現代文と漢文の総合化を図って、「論語に表われている孔子の言葉を通して、その教を学び、子路との関係によって、其の人を感化する力の偉大なことを悟らせる」ことを目指して、単元の編成と学習指導の構想案を発表した。この単元の指導計画案は、整理すると、次のようにまとめることができる。

（次）	学習内容	学習活動	学習材料	時間配当
一次	Ⅰ教材「孔子と子路」を読む。 (1)子路は何故孔子の弟子となったか。	①教材「孔子と子路」（中島敦『弟子』の一部）を分担した班が音読する。 ②語句文章の解釈を分担した班が行う ③孔子は知・情・意の均整のとれた豊かさを持っていた。 ④武芸や腕力さえも孔子は自分よりまさっていると思った。	・「孔子と子路」 ・語句解説プリント	二時間

一次	(2)子路は身を終るまで孔子に心服した。	⑤孔子は極めて高い理想主義者であった。 ⑥孔子の弟子となることによって何等求めるところがなかった。 ⑦孔子に対する純粋な敬愛の情を持ち続けた。		
二次	Ⅱ教材「孔子のことば」を読む。 (3)孔子の教えを知る。	①論語（一五篇）を三つの班に五篇ずつ音読して解釈させる。 ②一五篇を内容によって「学」「道」「忠信」「行」「交遊」「君子と小人」「知・改過」「思」に関するものに分類させる。 ③これらの活動を通して孔子の教えを理解させる。	・「孔子のことば」 ・語句解説プリント	二時間

これは、戦後の新教育の考え方を受けてグループ学習の方法を取り入れ、グループごとに、音読の発表をさせたり、語句・文章の解釈作業を分担して話し合い、その結果を発表させたりする、学習者に活動する場を与えた、恐らく、当時としては画期的な学習指導の構想案であったであろう。しかし、この意欲的で先導的な提案も、実践の場にどの程度受け入れられたのかは定かでない。

その後、昭和五三年度告示の新学習指導要領を受けて、昭和五四年度から広島大学附属中・高等学校国語科が「一つの主題のもとに現代文と古典（漢文・古文）の総合化を図った」実践研究の成果を発表するまで、主題単元による現代文と古典（漢文・古文）の総合化を図った実践に関する文献を見出すことはできない。広島大学附属中・高等学校国語科が新しく提起した指導法は「広大附属方式」と呼ばれて、その後、全国の実践の場に広く取り入れられていったが、これも一〇年あまり立った平成年度に入ると下火となってしまった。その原因としては、単元編成のための教材発掘が大変で授業の展開も難しい、発問応答型の教え込む授業から脱皮できない、「国語Ⅰ・Ⅱ」「国語総合」の時間は二人分割担当制なので現代文・古文・漢文の総合化を図った単元の指導はできない、統一定期試験のために他の教師と違った指導はできないなど、さまざまな理由が挙げられる。

しかし、学習者が本気になって国語学習に取り組んだときにしか真の国語学力は身につかない。学習者が本気になって国語学習に取り組むなかで国語学力をも育てる授業を創造しようとすれば、やはり、学習者の興味・関心や問題意識をふまえた主題（学習課題）を設定し、学習者がその主題に対する学習者の認識の深化・拡充、あるいは学習課題の解決を図ることを目指して、自ら主体的に話す・聞く・読む・書く学習活動（言語活動）を展開する過程で、話す・聞く・読む・書く言語能力・国語学力を総合的に育てる授業を展開するしかないと考える。

これこそ、文部科学省が平成年度に入って以降、「生きる力」の育成を目指して、「自ら課題を見つけ、自ら学び、自ら考え、主体的に判断し、行動し、よりよく問題を解決する資質と能力」の育成を重視する教育と結びつく、国語科授業のあるべき姿である。

これに、《現代文と古典（古文・漢文）の総合化を図った》単元の教材編成のもとに、という条件をつけた授業こそ「一つの主題（学習課題）のもとに現代文と古典（古文・漢文）の総合化を図る指導」の理想的な授業像と言えるであろう。これを視野に入れて、今後の実践上の課題を明らかにしたい。

（1）主題（学習課題）の設定について

主題（学習課題）を決めても、それに対して、どのような視点から切り込むか、その切り込み方が主題（学習課題）による単元学習の成否の鍵を握る。学習者が学習のし甲斐のある切り込み方を考えていきたい。また、主題（学習課題）が何であるかによって、その単元に取り組む学習者の意欲は違ってくる。それだけに、学習者の興味・関心や問題意識、および国語学力の実態を精密かつ的確に把握した上で、教育的価値のある主題（学習課題）を設定しなくてはならない。教師が主題（学習課題）を設定したならば、事前に、その主題（学習課題）に学習者が興味・関心を持つように仕向けることも必要である。教師の教えたいことを学習者の学びたいことに転化するように、事前に「種を播く」ことを心がけたい。

(2) 単元の教材編成について

教材の選定にあたっては、学習者の興味・関心や問題意識をふまえるとともに、教育的価値のある教材であること、選んだ教材が主題（学習課題）に対する認識の深化・拡充を図ることとともに、国語学力・言語能力を育てることのできる教材であること、選んだ教材の量が学習者の実態に即していて無理がないことなどに留意したい。

また、現代文・古文・漢文の三分野の教材で単元の教材編成をするのではなく、森本哲郎『四季の旅―花のある風景―』（ダイヤモンド社・昭和五三年四月）所収「山茶花の宿」のように、多くの古文・漢文・現代文が紹介、引用されている随筆を取り上げて教材編成を行う方法も考えられるであろう。

また、教材の配列にあたっては、学習者の認識の深化・拡充を図るのに有効な「重層型」の教材編成を図るとともに、中核教材、発展教材など、その単元内における教材の位置づけを明確にすることが大切である。「評論」（現代文）教材を有効に用いると、学習者の思考・認識の深化に役立つので、その用い方を工夫したい。

なお、「一つの主題のもとに現代文と古典（古文・漢文）の総合化を図った指導」では、古文・漢文教材の読解にはあまり時間をかけないで内容を理解することのできるテキストづくりが課題となる。大村はま先生に学んで世羅が昭和五一年度に開発した「傍注資料」のようなテキストを作成すれば、限られた時間の中でかなり多くの分量の古文教材を読んで、その内容を読み味わう授業を展開することができる。（↓世羅博昭「『平家物語』の学習指導―『一の谷の合戦の場』をとりあげて―」／広島大学教育学部国語教育学会『国語教育研究 第24号』昭和五三年八月）

（3）単元の指導過程と指導方法について

単元の導入段階の指導では、①学習者がその主題（学習課題）を学習する必然性があるように授業を仕組みたい。教師の教えたいことを学習者の学びたいことに転化して教えるように、「学習の必然性づくり」には特に留意すること、②単元の主題（学習課題）を把握させたら、その学習目標（学習課題）をどのような手順・方法で解決を図っていくのか、また、単元の最終段階には、どのような最終ゴール（発表の場）が設定されているのかなど、単元全体の学習の進め方を学習者に周知徹底させること、そのためには、「学習の進め方の手引き」を作成して、それを学習者が常に見ることができるようにしておくことが大切である。

単元の展開段階では、①常に単元全体を見通しながら、今、何のために、何をしているのかを学習者に自覚させること、②単元の主題（学習課題）に対する学習者の認識の深化・拡充を図ることを目指して、古文・漢文・現代文教材を個々に読むだけでなく、随所に、それぞれを読み比べる場を設定して、それぞれの共通点と相違点を明らかにすること、③この学習の過程に、読む・書く・話す・聞く学習活動（言語活動）の場を有機的、総合的に位置づけること。④その言語活動を展開する過程で、教師は常にどこでどのように読む・書く・話す・聞く言語能力を鍛えるのかを的確に把握して、それぞれの言語能力が鍛えられるように手引きすること、⑤全体発表の前の段階には、必ず《発表の準備をする学習》を位置づけて、発表資料の作り方・発表の仕方の学習を行うとともに、実際にリハーサルなどを行って、学習者一人ひとりが自信を持って発表の場に臨むことができるようにしておくことが求められる。

単元の最終段階（全体発表の場）では、各班が調べたことを発表させるときに、その班とは違ったことを調べた他の班に、その発表をどのような問題意識を持って、どのように聞かせるかが実践上の大きな課題である。また、どの班の発表とどの班の発表を組み合わせると，学習者の認識をより深化・拡充させることができるか、発表のさせ方の工夫も必要である。

単元の「まとめの段階」では、これまでの学習を振り返って、自分にとって学習の成果は何か、どのような課題が出てきたかなど、自らを反省し今後の課題を発見するように仕向けること。そのためには、「学習記録」や「ポートフォリオ評価法」を導入して、学習者各自の単元における学習の跡を残させておいて、単元が終了した段階で自らの学習を振り返り、自己評価をさせるように仕向けたい。

「アクティブラーニング」が声高に叫ばれている現在、改めて「一つの主題（学習課題）のもとに現代文と古典（古文・漢文）の総合化を図った指導」が再評価されてもよい時期にきている。この実践のためには、単元の主題（学習課題）の設定、教材の発掘と教材の編成、単元の指導計画、それぞれの時間の指導計画とその展開など、教師の実践意欲と実践的力量が問われてくる。このような単元の指導を一年を通して実践することは、現実的には無理である。初めは年に一回でも実践するように心がけたい。一回実践すると、実践の仕方のコツがつかめるし、実践的力量も養われてくる。せめて一年間に一、二回はこの実践を展開していきたいものである。

参考にしたい著書

加藤宏文『高等学校 私の国語教室―主題単元学習の構築―』右文書院、一九八八
浜本純逸編・加藤宏文著『生きる力に培う「主題」単元学習』明治図書、一九九九
日本国語教育学会『国語単元学習の新展開Ⅵ 高等学校編』東洋館出版、一九九二
日本国語教育学会『豊かな言語活動が拓く国語単元学習の創造Ⅰ 理論編』東洋館出版、二〇一〇
日本国語教育学会『豊かな言語活動が拓く国語単元学習の創造Ⅶ 高等学校編』東洋館出版、二〇一〇

第六章　漢文教育における言語活動

大村勅夫

一　学習の目標

鳴島甫（二〇一四）は、高等学校は、古典に親しませるもの、小学校からの延長としてのもの、と指摘している。そして、言語活動を通して指導することで、その親しみや楽しさが身につくものと述べる(1)。

漢文教材内容研究は日々進んでおり、素晴らしいものがある。しかし、言語活動を中心とした漢文学習指導法研究はこれからの課題である。小学生は国語初学者であると考えると、漢文学習をより本格的に行う高校生を漢文初学者と位置づけることができよう。初学者への国語学習導入の言語活動に関しては小学校が先んじていることに鑑み、高校漢文学習指導法は小学校国語学習指導法から学ぶべきことは多い。一方、高校は、言語活動はともかくとして、漢文教育経験の蓄積は多い。私は、小中学校は高校での指導内容の研究に学び、高校は小・中学校での指導方法の蓄積に学ぶというように、双方の学び合いが必要であると考えている。小・中・高の連携を深め、指導内容の系統性を意識していきたい。まずは、「春暁」や『論語』などの実践の比較研究が有効に働くであろう。

高校必履修科目「国語総合」（平成二六年度版）教科書の漢文掲載状況を調べると次のようになっている（表1）。

掲載の多いものから順に挙げると、漢詩・故事・思想・史伝・散文・現古融合・日本漢文となっている。ある教科書には、全二四教材のうち、漢詩が一三篇掲載されている。日本漢文や現古融合文はきわめて少ない。言語活動の実践研究には「春暁」や『論語』の実践報告の比較研究が汎用性が高いと言えるだろう。

本稿では、まず高校での詩教材・思想教材の典型的な言語活動実践事例を取り上げ、次いで小・中・高校の順にすぐれた言語活動実践を取り上げて考察する。

		漢詩	故事	思想	史伝	散文	現古融合	日本漢文
A社	①	○	○	○	○	○	○	
	②	○	○	○	○		○	
	③	○	○	○	○		○	
B社	①	○	○	○	○	○	○	
	②	○	○	○	○	○	○	
C社	①	○	○	○	○	○		
	②	○	○	○	○	○		
	③	○	○			○		
	④	○	○	○	○			
D社	①	○	○	○	○		○	
	②	○	○	○		○	○	
	③	○	○	○	○	○	○	
E社	①	○	○	○	○	○		○
	②	○	○	○	○	○		○
F社	①	○	○	○	○	○		
	②	○	○	○	○	○		
G社	①	○	○	○	○	○		
	②	○	○	○	○	○		
	③	○	○	○	○			
H社	①	○	○	○	○			
	②	○	○	○	○	○		
社	①	○	○	○	○	○	○	
	②	○	○	○	○	○	○	
		9社23冊	9社23冊	9社22冊	9社21冊	9社17冊	4社10冊	1社2冊

表1　「国語総合」掲載状況

二　実践事例

1　北崎貴寛「表現することで〈読むこと〉を深める漢文の授業の試み」（高校2学年）

この実践は、『史記』の現代語訳と解釈を字義に即して話し合いなどを通しながら考察させたものと、漢詩の訳詩づくりというリライトをさせたものである。(2)ここでは、後者の、文系の高校2年生を対象とした漢詩のリライトについて取り上げる。

(1) この実践のねらいは何か

書くことによって、漢文テクストを読者たる学習者のものにさせること。

(2) 実践のアイディアと流れ

第1時　漢詩の基礎知識。「登鸛鵲楼」の読解・訳詩挑戦
第2～5時　「静夜思」「涼州詞」「送元二使安西」「登高」の読解・訳詩挑戦
第6時　「早発白帝城」の読解・訳詩挑戦
第7時　「黄鶴楼送孟浩然之広陵」の読解・訳詩挑戦

(3) 実践の実際

ここでは、第6時を取り上げて紹介する。

現代語訳の確認の後、「白帝」「彩雲」などの色彩感と「軽舟」などのスピード感のある詩語の使用の中に、それらとは異質な「猿声」という悲愴感のある詩語とが同時に使用されていることを示した上で、李白が作詩したのが二五歳・五九歳の両説あることを示す。これらをもとに、グループ学習でどちらの説を支持するかを理由と共に考察させた。その後、五九歳説における「猿声」のとらえ方として、既習の孟浩然「春暁」の転句が他句との裏腹な暗さを表現していることで詩に深みを与えていることを示し、同様に「猿声」が転句に使用されていることで喜びをかえって表す深みと厚みを指摘した。最後に、訳詩挑戦を提示した。学習者の訳詩作品例は次のとおり。

白帝城よさらば
喜びのあまり千里の道を
わずか一日で帰った
もはや猿の声は歓喜の喜びにしか聞こえない
舟が鳥のように山々をこえてゆく

(4) 実践に対する考察

漢詩解釈のゆれを授業に持ち込み、そこから言語活動を展開させている実践である。北崎は、教師の読みを範答とし、それを学習者が探し回るような授業は学習意欲や知的好奇心をも喪失させると述べる。

2　加藤和江実践「漢文の表現上の特色を現代の作文に生かす関連指導」(高校)

この実践は、漢文のレトリックを手がかりとし、田中宏幸（一九九八）の「枠組み活用作文[3]」を活用し、「書くこと」の言語活動を取り入れたものである。(4) 教材文としては、唐宋八代家である韓愈の「雑説」を用いる。「雑説」は、ア．文章全体が比喩（諷喩）、イ．双括式の文章構成、ウ．否定・強調表現の多さ、エ．一文の短さ、などの様々なレトリックの特色を持っている。

(1) この実践のねらいは何か

論旨の明快さの鍵が演繹的な文章構成にあることを理解させ、その文章構成法を身に付けさせる。

否定表現や強調表現、簡潔な表現などの修辞上の工夫に気づかせ、優れた表現技法を現代の文章に生かしてみる。

(2) 実践のアイディアと流れ

第1次（2時間）学習者に正確な訓読や書き下しをできるようにさせ、句法・語法を理解して正確に口語訳させるようにする

第2次（1時間）〈1〉形式段落③・④は何を述べようとしたものなのか　〈2〉主題は何か、どこに提示されているか　〈3〉強調表現や印象づけられる表現はないか　を問いながら、対句や強調表現に気づかせ、文章構成や主題について理解させる

第3次（1時間）〈1〉「雑説」の文章に学んで、題材を生活に置き換えて文章を作らせる　〈2〉作品の発表

第4次（1時間）作者の主張、古文復興運動について触れ、思想と表現との関係について考えさせる

(3) 実践の実際

ここでは、第2次および第3次に使用したワークシートの要点を紹介する。

ワークシート「課題①」では、本文を５つの段落に分けたものを提示し、①主題提示、②主題の補足、③論証1、④論証2、⑤主題の強調とそれぞれを機能づけ、文章構成を学ばせている。その上で、それぞれの段落の摘要を載せ、一部を空欄とし、学習者に補充させるのである。

このことをもとに、ワークシート「課題②」では、「『雑説』に学んで次の枠組み表現から、意見文を書いてみよう。」と提示し、意見文を書かせ、その作品を発表させる。すなわち、「雑説」を範文とし、それをもとに「書く」活動をさせるのである。ワークシート「課題②」の内容は次のようなものである。

> 世の中に○○がいて、はじめて△△が現れる（である）。〔主題提示〕
> △△はいつもいるけれども、……〔論証1〕○○はいつもいるとは限らない。〔主題の補足〕
> だから……
> △△というものは、……
> （その上）……
> ※※は……〔論証2〕
> ああ、……〔主題の強調〕

（4）実践に対する考察

単に漢文解釈をするだけでなく、漢文を範文とし、実際に我々の生活に活かすことのできる作文指導を行った秀逸な実践といえるだろう。漢文が現代に通ずる典籍であることの証、すなわち、漢文を学ぶ意味を学習者に体験させているということでもある。

3　谷口匡実践「音読から創作へ　京都小学校における漢詩の授業」（小学校6年）

この実践は、京都教育大学の教員である谷口が勤務校の学生と共に、附属小学校6年生を対象として実施したものである。(5) これ以前に、音読を中心とした漢詩に関する実践を行っており、それを踏まえ、自作テキストをもとに、音読から創作させることへと発展させたものである。

(1) この実践のねらいは何か

日本語の言語文化を通じた深い言語感覚を育成すること。

(2) 実践のアイディアと流れ

第1回　ゲストティーチャーによる漢詩の紹介
第2回　班別での漢詩の音読練習とその中間発表会
第3回　漢詩音読の発表会と漢詩創作の導入
第4回　漢詩創作とその発表会

(3) 実践の実際

ここでは、第3回の後半・第4回の漢詩創作と発表会について書く。

創作には、自作の創作テキスト『漢詩を作る』を用いる。これは、「漢詩（七言絶句）のきまり」、平仄の図式、34頁に及ぶ詩語表からなっている。この詩語表には、「○●孤客　「孤客《こかく》」孤独な旅人。」「●●早発　「早《つと》に発《はっ》す」朝、出発する」のように、すべての詩語に平仄（○は平声、●は仄声）・訓読・意味を併記してある。これを用い、4人一班で一首作成させる。また、各班にはゲストティーチャー（大学生）がつき、相談に乗る。

発表会は、班の4人に自分たちが作成した漢詩のそれぞれ一句を書いた短冊を持たせ、班ごとに発表させる。一人ずつに自分の持っている句を訓読させ、その意味を説明させる。その後に、各班のゲストティーチャーが詩全体へのコメントをし、聞く側の学習者にも制作側の学習者にも学びを得させている。

（4）実践に対する考察

学生と共に行うという手厚さを確実に活用して行った実践である。漢文教育研究者である谷口ならではのものともいえるが、創作テキストの充実していることや詳細さ、さらには、対象が小学生であることを十分に踏まえた綿密さはさすがとしかいいようがない。この実践を各小学校でそのまま行うことは簡単なことではないが、小学生でもこのレベルのことができるのだという一つの指針となる。

4　常盤佳子実践「中国古典の知恵に学ぶ」（中学校2年）

この実践は、訓読法導入期に、漢文における名言・名句の魅力を活用し、それを解釈させ、学習者自身の行動や思考を省察させ、それをポスター発表という形で、中学校2年生に表現させたものである。(6) 名言・名句は『論語』などから教師が編集している。

（1）この実践で何を教えるか

書き下し文に直すきまりを覚え、訓読文を書き下し文に直すこと。

中国古典の名言・名句の内容を理解し、どのような場面で生きる言葉かを考えることにより人生についての考えを深め、豊かな人間性を養うこと。

(2) 実践のアイディアと流れ

第1~2時　孔子について、便覧の内容をまとめさせる。
「白文」「訓読文」「書き下し文」について学ばせる

第3~4時　ワークシート「中国古典の知恵に学ぶ」(『論語』などをもとに編集したもの)に書き下し文を記入させる
資料で紹介した三〇の名言・名句と教科書の三つの言葉から、ポスターにしたい言葉を選ばせるポスターを作成し、クラス内で発表させる

(3) 実践の実際

ポスターに書かせる際の指導内容は次の通り。

＊タイトル「~なあなたに」・「~な時に」でつけさせる
＊選んだ言葉の書き下し文と意味
＊タイトルに即した場面例をコンパクトに書かせる
＊一言コメント　言葉の内容を解釈したものを他者に呼びかけの形で書かせる

評価は次のものである。

・訓読文を書き下し文に直すことができる
・自分が選んだ言葉にふさわしい内容でポスターを書くことができる

（4）実践に対する考察

ポスターのタイトルを、アドバイスしたい他者を想定する書き方にすることで、生きていくための示唆に富んだ思想教材に即した言語活動へとスムーズに取り組ませることができている。このタイトルを付けるという行為自体が、言葉の解釈とそれを必要とするシチュエーションまでを考察させるものである。また、その場面例を考えさせることで、名言を身近かつ有用なものへとさせている。さらに、一言コメントという形で、解釈内容をより自分たちの言葉にさせている。一見単純なようだが、非常に細かな配慮に満ちた実践である。

5　太田亨実践「プレゼンテーションを活用した漢文授業　―『論語』の場合―」（高校）

この実践は、国語教育にコミュニケーションスキル教育の側面が提唱されるようになり、そのことを漢文の授業にも取り入れたものである。(7) すなわち、プレゼンテーションといった「話す・聞く」言語活動を取り入れることで、プレゼンテーションのスキル向上をねらうだけでなく、漢文への学習意欲向上を図ったものである。

（1）この実践のねらいは何か

数多くの文章に触れることによって、漢文に慣れ親しむこと。

（2）実践のアイデアと流れ

第1次（1時間）（一斉学習）漢文の基礎を復習させる

第2次（2時間）（一斉学習）『論語』より「民無信不立」を学習させる

第3次（1時間）（一斉学習）「民無信不立」について教師が模範プレゼンテーションする
第4次（1時間）（調べ学習）『論語』の担当箇所とそれを用いる例について調べさせる
（一斉学習）プレゼンテーションについて説明・確認する
第5次（4時間）（プレゼン）各学習者にプレゼンテーションさせる
（相互評価）聴く側には評価表と書き取り表を記載させる

（3）実践の実際

ここでは、第2次の模範プレゼンテーション以降の実際を紹介する。

教師は模範例として以下のようなものを示す。

「『論語』の「〇〇（↑担当箇所）」に、「〜〜（↑書き下し文）」とあります。意味は、「……（↓口語訳）」ということです。つまり孔子は、「□□（↑まとめ）」と言っているのです。

例えば、「△△（↑具体例）」

以上のように、「□□（↑まとめ）」ということは、現代にとっても重要です。」

第一段落では、担当箇所・書き下し文・現代語訳・まとめ、第二段落では、具体例、第三段落では、もう一度まとめ、を述べる構成、すなわち、主題・具体例・まとめの構成をひな形として提示する。

次に、事前に教師が44の孔子の言葉を選定し、それを生徒に割り振る。第3次において、生徒はその担当箇所に関する調べ学習を、第5次でプレゼンおよび相互評価を行わせる。この相互評価は、プレゼン方法に対する評価と、書き下し文を参考に白文を訓読文に改める作業などを行わせる。

（4）実践に対する考察

この実践は、漢文を学ばせ・漢文で学ばせる実践である。まず、プレゼンに向けて学習者に孔子の言葉の内容解釈について調べ学習させる。漢文を学ばせるのである。そして、それをもとにプレゼンの方法を考察させる。内容にあった方法を模索・検討させるのである。注目すべきは、相互評価において、文章内容ではなく、プレゼンの方法を評価させ、同時に、訓読の検討をさせていることである。この訓読の検討とは、プレゼンで発表された書き下し文と配布された模範解答とを照応させながら、それらをもとに白文に訓点を付させている。つまり、漢文を内容読解させるだけでなく、表現のための学習材料としている。これは、漢文さらには『論語』という短いながらも充実した内容を持つ文章の特性を十二分に活用したものといえるだろう。

三　授業デザインの視点――漢詩教材を重点として――

1　教材末設問の活用

漢文の文章内容は非常に魅力的な内容を持っている。特に、文学教材としての漢文には多くの魅力がある。しかし、そこに行き着くためには手立てが必要である。今後の漢文教育においては、漢文の内容についての把握や解釈をすることだけを考えた授業の展開では不十分である。授業にあたっては、教材末にある、「学習」「課題」などの、いわゆる「学習の手引き」の設問などを活用した言語活動を行うのも非常に有効な方法であろう。各社はおおいに工夫をしながら教科書編集し、言語活動に資する提案をしている。例えば、ある高校教科書には、訳詩をしてみようとの設問がある。ある中学校教科書には、好きな漢詩を選び、その中の表現や句を引用して選んだ理由を述べようとの設問がある。ある小学校教科書には、声に出して読んでみようとの設問がある。それらを、学習者の実態や状況に合わせ、アレンジした言語活動を取り入れたい。漢文はアレンジすることのできる柔軟性を持っている。

2　訓を推論させる

漢文教育実践の視点のひとつとして、推論という思考を手に入れる一つの場であることが考えられよう。それは訓読すなわち読み下しを考えさせる時に顕著である。安藤信廣（二〇〇五）は「訓読とは、何よりも異質な他者との出会いであり、同時にそれを内部世界にとらえなおし、深化させてゆく行為である」と述べる。(8) 漢文の授業では、この「出会い→とらえなおし→深化させる」ことをさせたい。実際に授業を行っていくと、訓点を付されている漢文を書き下し文に改めるのは、パズル的な要素もあり、単純な機械的作業でもあるため、学習者にとって乗り越えることが困難なものとは限らない。しかし、その書き下し文などを音読することは、学習者がスムーズにできることではない。つまり、その個々の漢字をどう読むか、といったところに乗り越えるべき大きなものがある。特にそれは、訓である。

例えば、「北」という漢字の読みを考えさせる。常用漢字表においては、「北」は音が「ホク」、訓が「きた」である。しかし、漢文の中ではこれだけでは不十分である。高校1年の学習者40人に、漢文における訓についてのアンケートをとり、そこに「北く」「北ぐ」をどう読むかを尋ねてみた。すると、「北く＝そむく」と読めた者は2人、「北ぐ＝にぐ」は誰もいなかった。また、「北く＝そむく」との訓をもともと知っていたかとの質問には、2人とも知らなかったと回答している。つまり、訓読文を読み下すためには常用漢字表だけでは足りず、学習者には推論の必要がある。それは、「く」や「ぐ」という送り仮名からのものであったり、前後の文脈からであったり、「背」や「敗北」という語からであったり、それらを複合したり、帰納や演繹あるいはアブダクションと様々な推論をしながら読み下そうと取り組むのである。漢文教育によって、この推論の学習の一端を担うのである。

いうまでもなく、推論は生活していく中できわめて重要な「問題解決」という思考行為である。漢文を読み進めることをもとに、この推論の思考を獲得させる。決して、単なる知識としての漢文・漢字の学習というわけではなくである。この漢字の訓を推論する言語活動としては、町田守弘（二〇〇九）の「ワードハンティング」(9)をもとにアレンジしたものなどが考えられよう。実際、我々の生活には、常用漢字表外の漢字や訓が多数存在し、我々はそれらを使用している。そのような生活をしていく中で現れた様々な漢字をハンティングしていき、それらの多様な訓について推論させていくのである。そして、それらを学習者同士で披露し合わせ、作問させるなどして、実際に使用・考察をさせる。解答だけではなく、解説や例文を作らせるのがポイントである。初めのうちは、級友の姓名や地元の地名などが活用できるだろう。文学者や歴史的人物、各科目における用語なども活用材である。時には、部首などによる制限も取り入れたい。そしてこれを、例えば小中高12年間の帯単元として実施するのである。日々のものとすると、四〇〇〇を超え、高校で毎週のものとすると、六〇〇〇を超える漢字を扱うことになる。

3　学習者主体の授業

言語活動は手段である。そして、時には、その言語活動によって、学習者の内容把握が飛躍することもあるだろう。誤解釈になることもあるだろう。漢字が意味を多様に持つことや漢文に省略が多いことなどはそれに拍車をかけることもあるだろう。しかし、それを恐れて言語活動を行わないというのではなく、誤解もまた、文章への接近のひとつの表れである。誤解を単に否定するのではなく、学習者の誤解が生じたその原因を丁寧に丹念に探り出し、その誤解と理解とをじっくりと確認しながら、正解へとソフトランディングさせる。そうして、先述した鳴島の述べる「古典に親しむ」ことを指導していきたい。それこそが、教師の重要な役割であり、文法指導研究・教材内容研究の価値の大きなひとつである。つまり、言語活動も文法指導も教材研究も全て、学習者の力を育成するための大きな手段である。そして、この手段のうち、最も学習者そのものを想起しつつ行うものが言語活動研究である。学習者主体の授業のあり方を研究するのである。

注

（1）鳴島甫「古典を高校でどう教えるか」（『日本語学』明治書院、二〇一四）
（2）北崎貴寛（二〇一一）「表現することで〈読むこと〉を深める漢文の授業の試み」（『国語教育研究』52、広島大学国語教育会）
（3）田中宏幸「範文のレトリックを利用してエッセイを書く」（『発見を導く表現指導』右文書院、一九九八）
（4）加藤和江（二〇〇八）「漢文の表現上の特色を現代の作文に生かす関連指導」（『月刊国語教育研究』No.429、日本国語教育学会）
（5）谷口匡（二〇〇六）「音読から創作へ　京都小学校における漢詩の授業」（『新しい漢字漢文教育』42、全国漢文教育学会）
（6）常盤佳子（二〇一一）「中国古典の知恵に学ぶ」（『新しい漢字漢文教育』53、全国漢文教育学会）
（7）太田亨（二〇〇六）「プレゼンテーションを活用した漢文授業」（『漢文教育』31、中国中世文学会）
（8）安藤信廣・加藤敏・坂口三樹・塚田勝郎・寺門日出男・渡辺雅之（二〇〇五）「漢文訓読の現在」（田部井文雄編『漢文教育の諸相』大修館書店）
（9）町田守弘「高等学校における漢字・語彙指導の工夫」（『国語科の教材・授業開発論』東洋館出版社、二〇〇九）

文献

大村勅夫（二〇一三）「再現による漢文読解の深化」（『解釈』672集、解釈学会）
岡本利昭（二〇一二）「クラス漢和辞典を作ろう！」（『国語教室』96、大修館書店）
齋藤希史（二〇一〇）『漢文スタイル』羽鳥書店
橋本昭典・川畑惠子（二〇〇八）「漢詩・漢文と「総合的な学習の時間」」（『教育実践総合センター研究紀要』、奈良教育大学教育学部附属教育実践総合センター）

第七章　漢詩を中心とした創作指導

岡本利昭

一　学習の目標

『論語』『孟子』など諸子百家、韓愈など八大家の名文、司馬遷に代表される史書などと並んで、漢詩は、漢文を代表する分野である。実際、中学・高校の国語科教科書にも漢詩は大きなスペースで採録されている。

漢詩を指導する際、忘れてはいけない二つの事実がある。

一つは、古く、奈良・平安時代から漢詩は中国の古典であるだけでなく、日本人の身近にあったということだ。菅原道真は漢詩を作った。紫式部にも清少納言にも漢詩が極めて身近な存在としてあった。いや、漢詩に関する知識があったからこそ、宮中に出仕し、世界に誇りうる華やかな王朝文学が生まれたとさえいえる。藤原道長も公任も漢詩を作った。そして、『和漢朗詠集』も編まれた。

古典文学だけではない、明治大正に入っても漢詩文は夏目漱石、森鷗外、正岡子規、永井荷風、芥川龍之介などの作家によって作り続けられた。近現代文学を学ぶ際も、この事実を避けてより深い理解には到達しないであろう。これら、近現代の作家の豊かな表現と語彙は、漢詩文を読み創作したことから培われたという事実を再確認すべきであろう。

今日の我々は、古典日本語で書かれた文学、いわば、和文のみを古典と考えているが、平安朝以来、古人の文学的活動のエネルギーはそのほとんどが、漢詩文に注がれていたと言っても決して誇張された言い方ではない。

この事実を抜きにして、わが国の古典を本当の意味で理解できるのだろうか。今日、小中高の国語科の教科目（教科書の配列、校種によって取り上げ方の軽重は当然ある）が、現代国語、日本古典、漢文なのは、先人の国語に対する深い理解の結果であることに感謝するとともに、その事実に粛然とするのだ。

しかし、翻って学校現場での実際の指導はどうなのだろう。古文だけではなく、漢文にも十分に時間を割いて指導しなくてはいけないはずなのに（指導要領にも明記されている）、漢文ですら教えられることが少なくなる中、教科書が割いているスペースとは裏腹に、漢詩の存在はますます小さくなるばかりである。

二つ目は、漢詩が大きく他の漢文教材と違うのは、押韻や平仄など古典音の知識についての指導を伴うことである。正式な漢詩は唐・宋時代の古典音で作られ、韻字・平仄なども現代では使われなくなっている古典音があてられる。古典音は、現代中国語ではなく、むしろ現代日本語の呉音・漢音にこそよく形をとどめている。しかしながら、実際、教科書の付録教材である音読CDなどには、古典音と大きく異なった現代中国語での朗読がついていることが多い。このような付録教材がついていることが示す通り、古典でありながら、音韻も大きく違う現代中国語での朗読を聞くという活動が入れられていることが多いのではないか。現代中国語の音読を生徒に聞かせることを全く否定はしないが、教室で国語の一部であることを忘れた指導、つまり「中国語でしょ」とか「中国語ができなければ教えられない」などといった誤解が広がっていることには懸念を覚えるのである。

漢詩は古来、日本人に訓読を通じて受け入れられてきた「国語」の一部なのである。現代中国語での音読など必要ない。外国語として意識することは不要であり、訓読、書き下しを通して理解するということが大切なのである。漢文の授業はなにも中国文学や中国語学のためにあるのではない。国語力、それも生きて働く、現代の国語の力をつけるためにあるのだ。その大きな柱として古典があり、その古典の基盤に漢文があるのである。

二　授業実践

1　江川順一『最北端の漢文教室から』（大修館書店　一九九七年）における「漢詞」指導

（1）実践の概要

江川実践は、北海道稚内商工高校において、どちらかといえば学習に興味を持てない生徒に対して、生徒を主体とした、生徒の表現意欲に訴える授業である。実践は大きく分けて日本古文分野と漢文分野に分かれ、古文分野の指導にも「ちごの空寝の音読大会」など、興味深い実践がみられるが、特に、唐詩の指導をしたあと、漢詞（漢詩のようなもの、宋代の詞とは全く違う）を創作表現する活動「『漢詞』を作ろう」がこの実践の白眉である。

（2）実践の実際

「『漢詞』を作ろう」は、大単元「漢文入門」の最後に、総仕上げの表現活動として設定されている、高校一年を対象としたものである。大単元「漢文入門」は、1漢字の性格、2漢字の成り立ち、3訓読、4唐詩、と、入門者が漢字・漢文に抵抗なく親しめるように緻密に小単元を設定、指導した後、学習者が自分の興味に従って「漢詞」を作る場を設定している。

江川実践は、流行歌やアニメの主題歌などの生徒にとって身近な歌詞を題材に、現代の詩を漢詩風に漢訳させている。平仄や押韻は考えていないが、生徒の言語感覚や工夫が存分に生かされる実践となっている。

実践は全3時である。

1時「漢詞」を作る方法を学ぶ。（題材を決め、班ごとに創作する）

2時「漢詞」の実作。

3時「漢詞」の発表と交流。

(3) 実践の考察

江川実践の特徴は、工夫して作られた参考資料としてのワークシートにある。ワークシートには、初心者であってもわかりやすい句形や漢訳の際の表現のポイントが網羅されており、抵抗なく漢訳の作業を進めることができる。実際、筆者（岡本）も江川実践を参考に「漢詞」づくりを前任校大阪教育大学附属高校平野校舎で平成十六年に行った時、学習者はワークシートを駆使して漢訳の作業を行っていた。また、同じく、江川実践を参考に「漢詩ならぬ漢詞をつくろう」という見事な実践をした野村理恵氏（寝屋川市立第四中学　平成二十年）も、江川実践のワークシートを参考に、有効に「てびき」を作成し使っていた。単元学習を進める際、大村はま、遠藤瑛子（前同志社大学）が述べているように「てびき」を有効に使うことが重要である。

江川実践の「漢詞づくり」は、英語や俗語など現代の歌詞を漢訳するとき、漢字の「音・義・形」を意識させ、学習者に創作させている。生徒の作品例を示す。（上が、生徒の漢訳・漢詞。カッコ内下段が原詞。）

生徒例
「与作」（北島三郎）
与作切木　（与作は木を切る）
幣幣宝　幣幣宝　（ヘイヘイホ～　ヘイヘイホ～）
木霊返　（木霊は返すよ）
女房織機　（女房は機を織る）
幣幣宝　幣幣宝　（ヘイヘイホ～　ヘイヘイホ～）
貪貪貪　貪貪貪　（トントントン　トン、、ントン）（以下略）

「与作は木を切る」という現代語が、「与作切木」と漢文訳されているのに驚くと同時に、「ヘイヘイホ～」、「トントントン」というオノマトペが見事に漢訳されている。与作にとっては木を切ることが、生活の糧であろうから、「幣」「宝」という金銭を想起させる言葉を充ててあるのは実に心憎いではないか。女房の収入を心待ちにする様子も「貪」という言葉にユーモアを交えてみごとに表現されている。江川実践の生徒作品例はどれも興味深いものばかりである。

他に、「カルビーのかっぱえびせん」のCMソングを漢訳した例として、「カルビー」を「加留美」と漢詞にした生徒の作品もある。カルビーという企業はカルシウムとビタミンを製品から摂取してもらうことを社是としているそうだから、この生徒の漢訳は見事だと言わざるを得ない。生徒たちの見事な漢訳は枚挙に暇ないが、このような実践を行うことの意義は非常に大きい。

なぜなら、江川実践は、過去に日本人が漢語を使って外来語を取り込み、国語を豊かにしてきた過程を追体験するものともなるからである。例えば、ジョウロは室町期にポルトガル語から日本語に入った単語だが、漢字では如雨露と表記する。「如雨露」、書き下せば「雨露のごとし」であり、その見事な漢訳には舌を巻く。また、クラブは「倶楽部」、カーニバルは「謝肉祭」（謝には「ありがたく思う」の意と同時に「絶つ、『謝絶』の謝」の意味がある）。江川実践は、これなどと同じく先人が外来語を、漢語を駆使して日本語に取り入れ、日本語を豊かにしてきた過程、漢訳からもたらされた恩恵を学習者に気づかせる実践となっている。

2　北澤正志『漢文指導から表現指導への展開』（全国漢文教育学会「新しい漢文教育」二三号一九九六年）

（1）実践の概要

北澤実践は岡山県立朝日高校において行われた。大学入学希望者が多い学校であるがゆえに、受験科目の絞り込みが行われ、大学入試で漢文が軽視されて行く現状を憂慮し、改善を願う指導者の強い熱意から出発した実践となっている。

北澤氏は漢文教育が言葉、国語を豊かにしてゆく教育であることを確認したうえで、受験的な正解主義に陥らず、表現指導に力を入れた実践を二つ行っている。

一つは、漢文の論理展開を借りた小論文指導である。『荀子』「性悪」の学習をした後、『荀子』の論理展開と同じ展開で、小論文を書かせる実践をしている。

『荀子』性悪

人之性悪。

其善者偽也。

今、人之性、生而有好利焉。
順是、故争奪生而辞譲亡焉。
生而有疾悪焉。
順是、故残賊生而忠信亡焉。
生而有耳目之欲、有好声色焉。
順是、故淫乱生而礼義・文理亡焉。
然則従人之性、順人之情、
必出於争奪、合於犯分乱理、而帰於暴。
故必将有師法之化、礼義之道、
然後出於辞譲、合於文理、而帰於治。
用此観之、然則人之性悪明矣。
其善者偽也。

「性悪」の構成は、①「今」ところでの意味だが、現代ととらえてもいいだろう。②「然則」そうだとすると、とつづけ、③「故」だから、と課題解決の方法を提示し、④「用此観之」以上のことから考えてと、結論を述べる、極めて明解な構成である。そこで、北澤氏は「然則（然らば則ち）」、「故（故に）」、「用此観之（此れを用て之を観るに）」、と荀子の構成を借りて小論文を書く実践を行っているのである。漢文の論理展開の型を借り、現代文で小論文をまとめる実践である。

二つ目は、漢詩の鑑賞から現代詩作詩への展開である。詩に描かれた情景と作者の心情との関連を考えながら読み味わい、学んだことを生かして情景描写を含んだ現代詩を作る、というものである。

(2) 実践の実際

北澤実践は教科書掲載の『登鸛鵲楼』王之渙、『月夜憶舎弟』杜甫、を用いている。いずれの詩においても、理解鑑賞する段階において、情景と作者の心情理解に主眼を置いて学習を構想している。学習者は具体的な状況をイメージし、『登鸛鵲楼』ではスケールの大きさが「太陽、山、黄河、海」という素材で、ダイナミックさが「依、尽、入、流」という動きのある言葉の繰り返しで表現されていることを指導する。詩を構成する「素材」の大切さを強調している。また、『月夜憶舎弟』では、5W1Hを確認しながら解釈し、「時、場所、背景」などを読み手に伝える表現の巧みさを確認している。

それを受けて、1主題（自分の気持ち）を明確にすること。2主題につながる情景（具体的状況）をしっかりイメージすること。3その情景が読み手によく伝わるように材料を選択すること。4詩の中に自分の存在を感じさせることの四つに留意させて現代詩を創作させている。また、作る現代詩は絶句・律詩をうけて、4行か8行である。

北澤氏が紹介する生徒作品例の一つは、次のようなものだ。

生徒作品例

太陽が空の上から二つのユニフォームをにらんでいる
流れ落ちる汗
乾いた風のにおい
大歓声と共に凍りついたスコアが一瞬にしてとけた

北澤実践は、全三時間である。

1時　『登鸛鵲楼』王之渙の理解鑑賞（作者の心情と情景の関係を中心に）
2時　『月夜憶舎弟』杜甫の理解鑑賞（5W1Hの確認、と5W1Hを伝えるための作者の工夫に気づく）
3時　詩の実作

（3）実践の考察

漢詩の鑑賞から、訳詩を作ることとは有名な作家だけでなく、教室でもしばしば実践されているが、現代詩を別の題材で作るという点が北澤実践の特徴である。文学でも情景と心情、もしくは情景に仮託された心情との関係を考え、学習者が作品を味わう学習が重要である。ややもすれば、「作品を味わう、理解する」ということはよく言われることであるが、何らかの表現活動によって学習者に表現の機会と方法を与えなければ、言葉の力は育たないものである。そのもっとも大切な点である表現することを取り入れ、「情景と心情」の区別を鑑賞のポイントとして押さえ得た実践と言える。同時に学習者に「表現をさせる」といっても「書きなさい」というだけでは指導にならない。漢詩を鑑賞し、鑑賞のポイントを明確にして、鑑賞ポイントを手掛かりにしながら、自己の体験を交えて表現させる指導となっている。「どこに焦点を当て」て「どう表現するか」が、学習者に見事に示されている。

3　有木大輔「詩語カードで作る唐詩」（第三十回漢文教育研修会全国漢文教育学会　平成二十四年八月二十一日）

(1) 実践の概要

有木実践は筑波大学附属駒場高校で行われた。高校二年生の新学期に漢詩の基礎的な決まりも、鑑賞をとおして教えながら、最終的に漢詩の実作につなげる実践である。漢詩は例えば、七言詩であれば、七言が二字・二字・三字（1、2、4句末押韻）と別れることに注目し、二字と三字の詩語カードを作り、原詩を生徒に推理させ、再現させている。

(2) 実践の実際

有木実践では教科書掲載の漢詩（七言絶句）、李白『山中問答』を教材に平仄の規則にふれ、仄起式・平起式の規則を教えている。ここで、興味深いのは李白の『山中問答』を七言絶句として扱わず、七言古詩として扱っている点である。李白の詩には平仄式に合わないものも多いが、古詩として扱っている点が特徴的である。この扱いには異論を唱える人もいるだろうが、有木氏の扱い方も一つの見識ではある。また、平仄式を無視した詩として田中角栄の『無題』を挙げているのも実践では珍しいところである。

平仄を指導することの利点は、詩を作ることができるようになることだけではない。漢和辞典を引く習慣がつくし、詩の言葉の選ばれ方にも気づくようになる。杜牧『題烏江亭』の転句「江南子弟多才俊」がなぜ「俊才」でないのか、同じく『江南春』はなぜ、「南朝四百ハッシンジ」なのか、広瀬淡窓『桂林荘雑詠示諸生』の四首のうちの二首目の起句「休道他郷多苦辛」がなぜ、「辛苦」でないのかなども容易に理解できよう。また、つかいなれた四字熟語がいかに「二四不同」の平仄式に適っているものが多いかにも気づくようになる。

右のような導入を経たのち、有木氏は王昌齢の『西宮春怨』『西宮秋怨』の両七言絶句、二十八字をそれぞれ、二字と三字の「詩語カード」にバラバラにして、生徒に原詩を復元させている。形態は六人一グループによる共同学習がとられている。つまり、二字と三字の詩語カードを用意して、グループで討議を重ねながら原詩を復元する方法が取られている。

有木実践は全十時間である。

1時　導入
2時　漢詩の基礎
3時　平仄の決まり
4時　平仄の決まり（禁忌）
5時　漢詩の鑑賞（絶句の起承転結）
6時　漢詩の鑑賞（律詩における対）
7時　表現を練る（説話「推敲」を読む）
8時　詩の平仄を合わせる
9時　詩語辞典の使い方
10時　詩語カードから漢詩を作る（復元する）

(3) 実践の考察

有木実践の今までにない点は、詩語カードから漢詩を復元させている点である。漢詩は平仄式から七言でも五言でも二字と三字に分かれるのがふつうであり、初学者が作詩の際に使う「詩語表」「詩語辞典」でも、平仄と共に二字または三字の詩語が掲載されている。有木実践では、この点に注目し、学習者に詩語カードをもとに原詩を復元させているのである。

有木実践のすぐれている点は、学習者が原詩を復元する過程で、作者の立場に立って、作者の創作意図や表現の工夫などに思いをめぐらして作品を読むことができる点にあるだろう。

有木実践は、まさに「書き手の立場に立って読み、考える」言語活動になっていると言える。なぜなら、詩語を組み合わせて一句ずつを作る際、起承転結や平仄、韻など作者の工夫と創作意図（テーマ）を考えなければ、原詩は復元できないからである。

ただ、詩語カードを作る際、指導者がすべて作ってしまうのではなく、カードの二字、もしくは三字の詩語に平仄や意味を自分たちで調べさせ、事前に記入させておく活動が加わればもっと良くなるであろう。

ともあれ、未知の教材に対して推理しながら興味を持って取り組めるという点で、非常に優れた実践であることは間違いない。

また、今回は多くを紹介できないが、漢詩について現代語で書かれた鑑賞文を学習者に示し、鑑賞文をもとに、原詩（七言絶句）を考えさせる実践もされているが、これなどもアイディアとしてユニークで特徴的である。

三　授業デザインの視点

1　それぞれの実践から得るヒントと提案

これらの実践はすべて現代の生きて働く国語の力を高めるための実践である。中国語や中国文学そのものを理解させるものではない。そこで、私は先のすぐれた先行実践を参考に次のような授業を提案したい。

教科書教材をもとに、作者の創作意図や表現の工夫を理解する、いわば「作者の立場に立ち」、漢詩鑑賞を表現活動を通して行う実践である。

例えば、中学校学習指導要領国語科改訂の要点には、「伝統的な言語文化は、創造と継承を繰り返しながら形成されてきた。それらに親しみ、我が国の言語文化を継承し、新たな創造へとつないでいくことができるように内容を構成している」とある。第二学年の指導事項では、「古典に表れたものの見方や考え方に触れ、登場人物や作者の思いなどを想像し、言語活動を展開すること」があげられている。

そこで、すぐれた漢詩教材ではあるが、それほど学習者になじみのない教材を選び、七言絶句の結句を学習者に想像し、作らせる授業を試みる。これは、漢詩を鑑賞し、表現に結び付ける点では北澤実践を踏襲し、漢詩を作者の立場で実作する点では有木実践を参考にしている。対象は中学三年から高校二年の間のいずれかの学年で実施したい。

2　授業の実際

まず既習の漢詩の規則について復習を行う。即ち、押韻・平仄式、七言であれば、二字・二字・三字に分かれること、起承転結の役割などである。

次に、平仄表に教材とする漢詩を起句、承句、転句まで書くことを通し、平仄と押韻、作者の創作意図への理解を深めさせる。

言葉の選び方や配列などを読み取り、漢詩独特のリズムや発想、考え方に触れ、筆者の思いなどを想像させたい。そうして、最後に、結句の七文字は伏せ、作者の創作意図を、結句を復元させることを通して表現させたい。

なぜ結句のみを想像させ、復元させるかといえば、詩全体を復元させるのは、学習者に負担が大きすぎると思うからである。作者の創作意図がもっともよく表れる結句のみの想像・復元で十分に読みを深めることができる。

3　扱う教材

教材としては①森鷗外『航西日記』の冒頭の詩を示す。補助教材として、②林子平「海国兵談」、③大和田建樹『鉄道唱歌』、④韻字表「陽韻」を示す。

①『航西日記』

何須相見涙成行
不問人間参与商
林叟有言君記否
品川水接大西洋

右の詩は、平起式。陽韻、韻字　行　商　洋である。

【書き下し文】

何ぞ須ゐん相見て涙行を成すを
問はざれ人間の参と商（とを）
林叟言へる有り君記するや否や

品川の水は大西洋に接す（と）

なお、結句「品川水接大西洋」は、実践時は伏せて示す。

② 林子平 『海国兵談』

「海国とは何の意ぞ。曰はく地続きの隣国無して四方皆海に沿う国を言ふなり」「軍艦に乗じて順風を得れば、日本まで二、三百里の遠海も一二日に走り来たるなり」「備に怠る事なかれ」「海国の武備は海辺にあり、海辺の兵法は水戦にあり、水戦の要は大銃にあり。是れ海国自然の兵制なり」「江戸の日本橋より唐、阿蘭陀まで境なしの水路なり」

③ 『鉄道唱歌』 大和田建樹

新橋

一　汽笛一声新橋を
　はや我汽車は離れたり
愛宕の山に入りのこる
　月を旅路の友として

二　右は高輪泉岳寺
　四十七士の墓どころ
雪は消えても消えのこる
　名は千載の後までも

品川

三　窓より近く品川の
　台場も見えて波白く
海のあなたにうすがすむ
　山は上総か房州か

横浜
五　鶴見神奈川あとにして
　　ゆけば横浜ステーション
　湊を見れば百舟の
　　煙は空をこがすまで

④　陽の韻字
陽　楊　揚　航　香　郷　光　堂　蒼　洋　方
央　王　妨　剛　浪　常　涼　荘　娘　荒　岡

教材『航西日記』は、森鷗外がドイツ留学の際に記した漢文紀行であり、夏目漱石のロンドン日記と同じく、我が国の西洋紀行文芸に大きな影響を与えたものである。今日入手しやすいテキストとしては、『岩波新日本古典文学大系』がある。『航西日記』は、漱石のロンドン日記よりも十年以上も先行している点で、当時の我が国の洋行事情をよくうかがうことができる文学資料である。

以上のことから、本教材を理解することは明治の文学の背景を理解することにつながると同時に、学習指導要領に示されている「登場人物や作者の思いなどを、想像し、言語活動を展開する」という内容を達成することにも適している。中学校第三学年や高等学校一年での『高瀬舟』の学習や高等学校三年の『舞姫』の学習とも関連させ、近代文学や作者への理解を、重層的なものにしてゆくこともできる。更に都合がいいのは、森鷗外の漢詩は教科書によく採録されてはいるが、多くはヨーロッパ到着後のものであり、横浜出発時のそれは稀であることである。つまり学習者にあまり知られていないことも、結句を考える上で好都合である。

こういう観点から、この森鷗外の七言絶句を読む実践では、生徒は森鷗外の絶句の書き方のよさや工夫に気づきながら、さらに読みを深めていく。「書き手が、なぜそのような書き方をしたのか」と、生徒自らが「書き手の立場に立って読み、考える」ことを通して、より深い読みを導き出し、「書き手の表現意図を理解し、解釈する力」を育てる。

今回、「七言絶句の結句」を考える活動を取り入れることで、学習者は未知の原作の表現に対し、森鷗外の立場に立ち、作者の創作意図を深く考えてゆくことができる。さらに、転句が林子平の『海国兵談』の名句を受けているから、サブテキストである『海国兵談』をも読み込んでゆかなくてはならない。横浜港出発の場面を取り上げているることから、出発までの作者の行動（背景）に関係する『鉄道唱歌』も注意を持ってよんでゆかなくてはならないだろう。韻字表も活用しなくては結句を作れない。作品の背景や前後のつながりや示された表現、押韻や平仄、などをてがかりに結句を予想しながら興味をもって未知の結句を「読んで」ゆくのである。相手の心を読む、次の手を読む、といった時の「読む」活動である。こうして、学習者は結句以外の部分やサブテキスト、背景などをより詳しく意識的に読み、書き手の表現の意図や表現の特徴をより的確に捉えることができるようになる。

この学習法は「書き手の表現意図を理解し、解釈する（活用する）」力を育てうる指導法である。これはＰＩＳＡ型学力を涵養する方法でもある。指導に際しては、文部科学省『読解力向上に関する指導資料　ＰＩＳＡ調査（読解力）の結果分析と改善の方向』（平成十七年十二月）の示すポイントに留意している。

読解を通して、生徒に作者　森鷗外の立場に立たせて結句を想像させ、漢詩の表現法を実際の活動をとおして体得させたい。また承句の訓読に注目し、書き下し文は既にそのまま「翻訳」になっているという「漢文訓読法の奥深さ」についても理解を深めさせたい。

　この授業構想は、創作するという意味では、江川実践を意識したものであると同時に、味わうという点では北澤実践を意識したものでもある。また、規則を重視して詩を作る点では有木実践と重なるのかもしれない。

参考文献

長尾紀江、山﨑光洋、前田敦子、久山将弘、平賀徹、小寺邦彦「児童生徒の基礎的基本的な力を育てる学習指導の工夫・改善に関する研究」『研究紀要』1号、岡山県総合教育センター、二〇〇八年三月
文部科学省『読解力向上に関する指導資料　ＰＩＳＡ調査（読解力）の結果分析と改善の方向』、二〇〇五年一二月
村岡典嗣『海国兵談』岩波文庫、一九三九
大悟法利雄『なつかしの鉄道唱歌』講談社、一九六九

第八章　中学校・高等学校における漢字・語彙指導の工夫
―未来に生きる授業のデザイン―

李　軍

はじめに

漢字力は、国語科ばかりでなくすべての教科の基礎的・基本的な学力であり、豊かな言語生活を営むための基盤の一つである。個々の漢字は形・音・義の三要素を併せ持つ総合体であるため、教育現場では、往々にして漢字がどのくらい読めるか、どのくらい書けるかを漢字力の評価基準として捉えがちである。倉澤栄吉（一九五三）は、「漢字の力とは、単に漢字の読み書きテストに答えられる力ということではない。実際に使える力である」と指摘し、千々岩弘一（二〇一五）は、漢字力を「読字力（漢字の読み方を知り意味を措定する力）」「書字力（読みや意味に対応させて漢字を書写する力）」「運用力（語句の意味や文の脈絡に対応させて漢字を読んだり書いたりする力）」の三つの視点から定義づけている。表意文字または表語文字である漢字の核は「意味」である。「読み」「書き」「運用」はこの核を中心とする表裏一体の関係にあるが、「運用」に関しては、個々の漢字を含む語彙や語句として使用できる資質や能力のことを指す。したがって、本章では、漢字指導とともに語彙指導も視野に入れて論を展開することにする。

一　学習指導要領における漢字指導目標の歴史的変遷

学習指導要領における漢字指導の方針と目標は、戦後七十年にわたって、小学校・中学校・高等学校を問わず、一貫して漢字の読める字数と書ける字数と字種を中心に定められてきた。

小学校の場合、昭和二六年版、昭和三三年版では「読み書き同時指導」の方針が打ち出され、昭和四三年では一旦「読み書き分離指導」に変わったが、昭和五二年版、平成元年版では再び「読み書き同時指導」に戻り、平成一〇年版、平成二〇年版では「読み先行、漸次書く」へと指導方針が変化していった。また、学年別漢字配当表の拠り所は当用漢字表から常用漢字表へと変わり、字種の変動はあったものの、漢字の「読み」「書き」を指導の中心とする方針は変わりなかった。ただし、昭和五二年から教育漢字の「標準字体」が定められたことを契機に、漢字の字形や書写に関する指導が厳しくなった。

中学校の場合、昭和三三年版の学習指導要領では読み書きの字数の大体の範囲のみ示されているのに対し、それ以降の各指導要領では、読み書きに関する具体的な字数が明記されるようになった。また、昭和四四年版と昭和五二年版の読み字数に差異が見られ、平成一〇年版以降の学習指導要領における漢字指導の拠り所は当用漢字表から常用漢字表に変わったが、ほかの内容はほとんど同じである。書きの項目における「必要な場合適切に用いる」「文や文章の中で使う」という方針は長年継承されてきた。

高等学校の場合、漢字の読みに関しては、昭和四五年版までの学習指導要領では、当用漢字が読めるようになることが目標であったが、それ以降の学習指導要領では、当用漢字または常用漢字の読みに慣れることが目標となっており、昭和五三年以降の読みの到達目標が下がった。書きに関しては、昭和三五年版までの学習指導要領では、当用漢字の中の主なものが書けるようになることが求められているが、昭和四五年版では、当用漢字別表（教育漢字）とは限らず、当用漢字のすべてが書けるようになることが目標となっている。しかし、それ以降の学習指導要領では、「当用漢字のすべてが書ける」から「主な当用漢字が書ける」や「主な常用漢字が書ける」へと変わっていき、読みと同様に、昭和五三年版以降の書きの到達目標も下がったと見てとれる。また、昭和三五年版では「漢字の使い方を身につける」といった漢字の運用を促すような文言が見られるが、それ以降の学習指導要領では、単に「漢字が書ける」という文言だけが示されている。

このように、戦後の漢字指導は、当用漢字表か常用漢字表を土台として展開されてきたといっても過言ではない。また、学習指導要領における漢字指導の目標は、長年来漢字の読み書きに終始し、「文や文章の中で適切に使うこと」といった運用に関する指導目標が示されているのは中学校の学習指導要領だけである。学習指導要領ではこのような指導方針と目標の偏りが見られるが、教育現場では漢字の読み書きとともに語彙力・思考力・表現力を育む漢字・語彙指導が数多くなされている。

二　中学校・高等学校における漢字・語彙指導の類型と工夫

本節では、千々岩弘一（二〇一五）の分類を参考に、中学校・高等学校における漢字・語彙指導を「漢字の構成要素に着目した系統的な漢字指導」「漢文指導の中の漢字・語彙指導」「漢字字源、漢字文化に着目した漢字・語彙指導」「興味・関心を喚起するための漢字・語彙指導」「その他の漢字・語彙指導」の五種に分けて、それぞれの指導法の特徴と工夫を分析する。

1　漢字の構成要素に着目した系統的な漢字指導

文部省が一九五四年に刊行した『中学校高等学校学習指導法　国語科編』では、漢字学習の指導について、一つ一つの漢字の使い分けを見極めながら、相互の漢字を照らし合わせて、漢字の学習指導を進めていくことを提唱している。例えば、「可決」と「許可」から抽出した共通要素「可」と、「河川」「大河」の「河」とを関係づけることで、「可」は「河」の字音を表すことに気づく。このことは、「幾何」の「何」、「荷重」の「荷」によって確かめられる。このような作業を通して、字義と字音からなる「形声文字」の構造上の特徴への理解を深めることができる。また、「河」「泳」は「氵」によってその関連が示される。このような関連づけを通して、偏旁冠脚という別の分類原理を取り出すことができる。そして、「僧」「層」と「増」「贈」「憎」のように、それぞれ音の相違はあるものの、音相互の間には、何らかの規則性が認められるものもある。さらに、「青」の「セイ（漢音）」と「ショウ（呉音）」のように、一字で二音を持ち、それぞれの使い分けが決まっている漢字をも見極める必要がある。なお、「粒」と「位」のような構成原理が異なる漢字に関しては、漢字字源など別の原理を見出さなければならない。この提案では、さまざまな角度から漢字を類別し、体系化することで、個々の漢字を細かく分類された網の目のうちに定位している。この網の目が細かいほど、この文字の理解は明確であり、また、体系化されるほどその漢字は覚えやすくなることがこの提案の趣旨である。

こういった漢字の構成要素に着目した漢字指導は、市川本太郎（一九六三）、白石光邦（一九七七）、小林一仁（一九八四）、須田実（一九八八）などにも見られる。白石光邦が提案している「要素形的漢字学習指導法」は、学習者の漢字習得と指導者の漢字指導を一体化させ、漢字の大多数を要素形の結合とみて指導するものである。例えば、「億」という漢字の構成要素は「亻」と「意」で、「意」の構成要素は「音」と「心」、「音」の構成要素は「立」と「日」で、「立」と「日」は一番基本的な要素形（「基本形」と称している）である。「要素形的漢字学習指導法」は、

「基本形」と「基本形の積み重ね」との指導の方法である。小林一仁が提案している「系統的漢字指導」では、個々の漢字を記憶する具体的、系統的方法として「図形に関する漢字群」「音形に関する漢字群」「意味（概念）に関する漢字群」「初歩的な段階における漢字記憶の系統化」の四項目が提示され、「図形に関する漢字群」では、象形文字や指事文字のような「具体性に立つ漢字群（単独の図形字群）」と形声文字のような「同じような図形を持つ漢字群」に分けられている。

系統的な漢字指導は、漢字の字形、音形、意味（概念）、漢字構成上の規則性（六書、部首による分類）、漢字間の繋がり（同じ要素を持つ漢字や類似字）などに着目して、それぞれの特性を生かしたものである。漢字のこういった特性と規則性を把握しておくことは、習得すべき漢字を定着させることに有効なだけでなく、漢字学習の方法を身につけさせることも期待でき、生涯学習にも役立つであろう。

2　漢文指導の中の漢字・語彙指導

李軍（二〇一四）は、小学校・中学校・高等学校国語科教科書における漢字・語彙指導の内容を比較・分析した上で、「高等学校段階における漢字・語彙指導は、漢文指導の入門単元として位置づけられるものが多い。現代文における漢字・語彙指導の内容は、小・中学校のように年間計画の中で漢字・語彙の構成や特徴を系統的に指導するのでなく、基本的にテキストの新出漢字を随時指導するという形をとっている」という結論を出している。ここでは、高等学校における漢文指導の中の漢字・語彙指導の実践報告を二つ紹介する。

池田英雄（一九七四）は、和・漢構文の相違点に着目し、漢文の中の漢字を見る目の養い方として、次の十項目を提案している。

(1)漢字は一字ごとに「テニヲハ」を含んでいること。例えば、「我読書（我は書を読む）」と「読我書（我の書を読む）」

では、同一の「我」でも文によって「我は」「我の」になる。

⑵漢字が置かれた位置によって品詞が変わること。例えば、「雨水滴也（雨は水滴なり）」「六月六日雨（六月六日雨ふる）」「弾丸雨下（弾丸雨のごとく下る）」。

⑶述語や打消の下文への係り方。例えば、「不知而言」と「知而不言」の書き下し文は両方とも「知りて言はず」で、現代文訳も「知って言わない」になりがちであるが、前者は「知りもしないし、言いもしない」で、後者は「知っているが言わない」である。この例における「不」の字が下の文のどれを統括しているかを見極める必要がある。

⑷漢字には語形の変化も、テンスもないこと。例えば、「友来（友来る）」「昨日友来（昨日友来れり）」「明日友来（明日友来たらむ）」のように、漢字自体はテンスはないが、文の前後に「時」に関する文字の有無と話しの時間的な流れを常に意識する必要がある。

⑸異字同訓の取り扱い方。例えば、「見」も「視」も「看」も皆一様に「みる」と読んでいる。日本語で「みる」という一つの意識を漢字では、見方の浅深、見方の態度によって三つに細分化していることになる。漢文の中では、このように細分化された文字が吟味して使われているので、異字同訓の学習は揺るがせにはできない。

⑹同字異訓の取り扱い方。例えば、「足」という字は「あし」と「たる」の二様に読まれる。「与」という字は文脈によって「あずかる」「ともに」「と」「より」「か」などと訓み分けることになる。このような一字多訓を説明する時に、まず、なぜ一字に多くの訓みがあったかを考える。字源などを適宜入れると効果的である。

⑺漢字の学習はまず部首から。漢字は複雑な構造を呈しているが、分解してみると、幾つかの部首に分けることができる。それぞれの部首の持つ性質や意味を理解することによって、興味深く学習することができる。例えば、「解」は「牛・角・刀」に分けられる。牛の角を刀で切り取ることを意味し、「ときほぐす」の意味となる。この部首を中心とした漢字の学習こそ、最も漢字の性質をつかんだものであり、論理的・系統的な方法といえる。

(8)文中にある同一部首内の字は一まとめにして覚えよ。例えば、范増二説項羽一曰「沛公居二山東一時　貪二於財貨一、好二美姫一…」では、「貪・財・貨」のように「貝」を持つ漢字が多い。「貝」は「たからもの」の意で、「貪」の「今」、「財」の「才」、「貨」の「化」はそれぞれの字音を表す部分で、「貪・財・貨」は形声文字である。

(9)声符から系統的に字義をつかみ取る法。例えば、「蝶」という字は虫偏に枼の合字。虫が意味を表し、枼は「セウ」なる音を示すとともに「平べったいもの」という意味をも兼ね示している。「蝶」は薄く平べったい羽が特徴である。枼を内包するほかの漢字「葉（は）」「牒（ふだ）」「喋（しゃべる）」「鰈（かれい）」においても、枼は字音で、「平べったい」という意味も表している。いわば会意兼形声文字である。

⑽漢字との付き合い方の総まとめ。

池田が提案した十項目の中で、(1)～(4)は漢文の学習の中でこそ、はじめて取り扱い得る問題であるが、(5)～⑽は本節で紹介した系統的な漢字指導法に通じるものが多い。特に異字同訓、同字異訓、音符の表意性に関する内容は、前述の系統的な漢字指導法と異なる視点からの提案である。

長瀬瑞己（一九九〇）は、漢詩の授業で漢語を組み合わせて詩を創るという授業実践を報告している。この実践では、(1)「黄鶴楼送孟浩然之広陵」と「独座敬亭山」の二詩に共通する発想を読み取り、詩人李白の心象風景を描出する、(2)「黄鶴楼送孟浩然之広陵」を材料として、唐代の詩人や詩作、また詩人同士の交流に触れる、(3)孟浩然の「春暁」を紹介する、(4)「春暁」と対比させる形で、劉禹錫の「秋風引」を提示し、両詩に共通する表現手法上の類型を探る、(5)「黄鶴楼送孟浩然之広陵」を借りて漢詩を創作する、そして自由に五言絶句を創作する、という流れで単元を展開していく。ここでは、漢語を組み合わせて漢詩を創作する活動に注目して、漢詩の授業における漢語指導の工夫を分析する。この単元では、漢詩四編を学んだ後、そのまとめとして、ワークシートを配布した。次に示す漢詩創作のワークシートはその一部である。

3 「黄鶴楼送孟浩然之広陵」を借りて、詩を創作してみなさい。

[1] 送 [2] 之 [3]
故人 [4] 辞 [1]
[5] [6] 月 [7] [3]
[8] 遠影 [9] 尽
唯見 [10] [11]

1 場所　2 人名　3 地名
4 東西南北　5 季語を表す二字熟語
6 一・二・三・四・五・六・七・八・九・十
7 上・下　8 点景となる二字熟語
9 背景となる二字熟語
10 大自然を表す二字熟語
11 自由に工夫してみよ

一般的には、漢文単元の導入として、漢字の構成上の特徴（例えば、六書、部首など）や漢語の構成上の特徴（例えば、国立＝主語・述語の構成、友人＝修飾語・被修飾語の構成など）に関する内容が盛り込まれていることが多い。この実践では、右のワークシートの空欄に入れる言葉のヒントの「5　季語を表す二字熟語」「8　点景となる二字熟語」「9　背景となる二字熟語」「10　大自然を表す二字熟語」のように、学習者が自分の連想に合わせて自由に漢字を組み合わせたり、二字熟語を創ったりすることができる。漢字熟語を想起・運用・創作することがこの実践の特徴の一つである。また、この実践では、漢詩の平仄や押韻など厳しい規制がないため、気軽に漢詩創作を楽しむことができる。学習者と漢詩の距離をうまく縮めることができるのもこの実践の魅力である。学習者が創作した詩を一つ紹介しておきたい。

宇都宮送森昌子之東京
故人北辞宇都宮
（実践者注）青葉は新幹線名也。かけことばを使っているところに作者の抜群のテクニックがある。

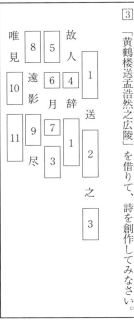

梅雨六月上東京
青葉遠影曇天尽
唯見鉄路地平進

このように、漢文指導の一部としての漢字指導は、語彙指導と重ねたものが多く、漢詩漢文の基本として位置づけられることが多い。

3　漢字字源、漢字文化に着目した漢字・語彙指導

系統的な漢字指導においても、漢文の中の漢字・語彙指導においても、漢字の成り立ちに関する内容が盛り込まれているが、漢字の字源を調べて終わりといったような指導が多く見られる。ここでは、漢字字源を多角度から活用し、漢字力をはじめ、想像力、思考力、表現力も一緒に育てる中学校における実践報告を二つ紹介する。

西村仁美（一九九二）は、「漢字の成り立ちと組み立て」（学校図書・中1）という教材を用いて、漢和辞典を引いて「漢字の本」を作るという実践を報告している。この実践は、次のような流れで展開していく。まず、一学級を四人ずつの八グループに分け、象形・指事・会意・形声の各三二字、計一二八字を準備し、全員が異なる文字の四字ずつ担当してその成り立ちなどを調べる。次に、調べたことを単に書き写すのではなく、象形文字は絵で、指事文字は図で、会意文字は成り立ち話で、形声文字はパートナー集めで表現させ、その裏ページに該当の漢字を書かせるという学習活動を行う。最後に、できあがった本は四クラス分を合わせて、他クラスの作品も読み合い、学習を広げる。生徒に配布したモデルの表の部分を次ページに示す。

この実践では、多くの調べ学習が盛り込まれている。調べ学習では、普段ほとんど使っていない国語辞典や漢和

〈生徒に配布したモデルの表の部分〉

とじしろ

〈象形文字〉

絵

とじしろ

〈指事文字〉

図

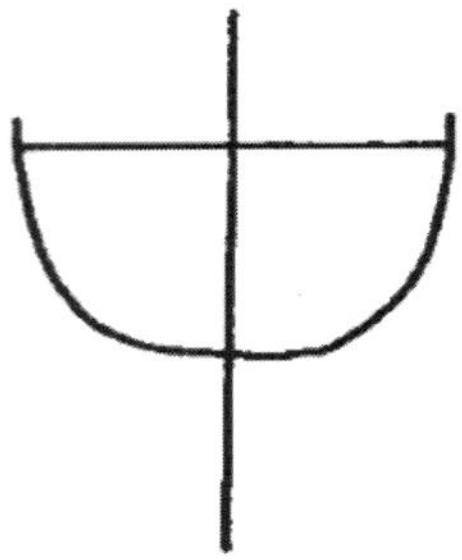

とじしろ

〈会意文字〉

成り立ち話

むかーし、昔、あるところに、たいそう立派な杉の木林がありました。

ある日のこと、鷹狩りに来たお殿様は、その杉の木があんまり立派だったので、「見事である。その小さな杉を一本持ち帰り、大事に育てよ」と、家来に申し付けました。

そこで、家来は杉を抜いてお城に持ち帰り、丈夫な箱の中に入れ、大事に大事に育てました。

ところが、箱の中に入れられては、杉は背を伸ばすことができません。それどころか、日に日に葉はしおれてきます。杉の木は、苦しそうな声で言いました。

「ああ、困った。困った。」

とじしろ

〈形声文字〉

パートナー集め

白　斤　反　十　米

艮　告　束　隹　軍

幸　巽　睘　辟　商

【注】このモデルの裏には「象形文字・魚」「指事文字・中」「会意文字・困」「形声文字の部首・之繞（「行くこと」の意味）」が書かれている。

辞典を必然的に活用することになる。また、絵で象形文字を表現し、図で指事文字を表し、成り立ち話で会意文字の字源を説明し、字音表示部分と字義表示部分を分けてパートナー集めで形声文字を理解するといった学習活動を行うことで、象形・指事・会意・形声という抽象的な概念を分かりやすく理解できるように工夫している。さらに、グループ活動でオリジナルな一冊の本を作り上げる過程で、学習者一人ひとりが、ほかのメンバーの作品から新たな気づきや発見を得たり、自分の理解を深めたりすることが期待できる。

次に紹介する実践は、小嵜麻由が二〇〇九年度三学期に神戸大学附属中等教育学校で行ったものである。「古代文字を書こう〜書のギャラリートーク」と題したこの授業実践では、まず、漢字の成り立ちを理解するための基本である「六書」の理論を学ぶところから始まり、阿辻哲次著『漢字のはなし』を読み進めた。次に、小集団で設定したテーマのもと、各自一文字の漢字を選び、その文字の成り立ちを調べた上で、古代文字を毛筆作品に仕上げるとともに、古代の人々の生活様式や物の見方について書いたエッセイを作品に添えた。

下に示した古代文字の毛筆作品は皆「雷」という漢字である。作品①のエッセイの冒頭では「今ではただの自然現象である『雷』も、昔は神様の声としておそれられていた。古代人は、雷の原理を知らなかったため、その迫力や大きな音などから、そう考えたのであろう。そのことから『神鳴り』と呼ばれるようになり現在の『雷』も同じ読み方をするようになった」と述べ、「雷」はなぜ「かみなり」と読むのか

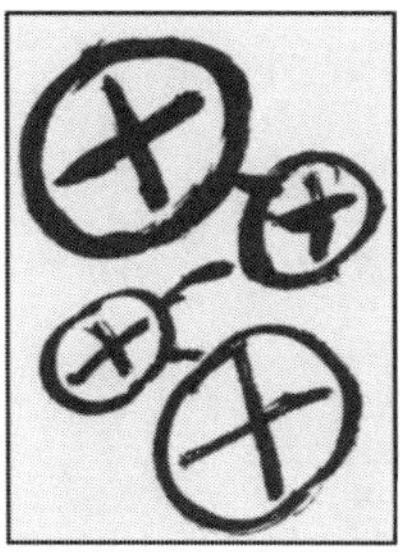
作品①

作品②

作品③

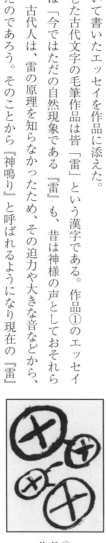

という疑問から出発し、大和言葉「かみなり」の由来を推測している。また、このエッセイの続きでは、「雷」の「ゴロゴロ」という音を表す「田」について調べたところ、田というのは、「田んぼの田」ではなく、「車輪」の形を表していることに気づいたと綴られている。このような気づきのもとで、作者は車輪がごろごろと回っている様子と勢いを生かして「雷」の音と勢いを表現したのである。作品②のエッセイは、「疾風迅雷」という四字熟語の説明から始まり、「雷」の成り立ちだけでなく、この四字熟語の意味や熟語の中の「雷」以外の漢字の意味も調査対象とした。作品③のエッセイには「雷～暗闇に走る稲妻～」という題が付いている。作品中の曲線は「雨」を表しているが、「稲光のマーク」「雷のシンボル」という解釈も隠されているという。同じ漢字であっても、古代中国人の考え方や、漢字を受け入れた古代日本人の考え方、そして、この文字を見た現代日本人の感受など、様々な着眼点からの捉え方が生まれてくる。漢字の字源説は完全に証明されたというわけではない。しかし、このように、漢字の字源を調べたり感じたりすることで、漢字が背負っている日中文化の奥深さを認識させることができるだけでなく、漢字をはじめとする言葉への学習意欲の向上にも繋がり、これからの漢字・語彙学習にも役立つはずである。

この実践では、漢字の形・音・義と成り立ちを毛筆作品とエッセイでどのように表現するか、そして、辞書に書かれている字源をそのまま引用するのでなく、自分の理解と認識をどのように表現するか、さらに、自分が創作した古代文字の毛筆作品を如何に人に紹介するかなどの取組みが盛り込まれている。これらの作業を通して、漢字への理解を深めたり、漢字を表現のテーマとして、想像力、思考力、表現力、文章の構成力などの国語力を同時に伸ばすことが期待できる。

続けて、日中の漢字文化を生かして、高等学校における漢字・語彙指導の授業構想を紹介する。李軍（二〇〇八）は、「同義反復熟語」を用いた漢字・語彙指導法を提案している。同義反復熟語は李の造語で、同じまたは類似した意味を持つ二つの漢字の組み合わせによってできた熟語を指す。例えば、「河川」「眼目」「身体」。この指導では、まず、なぜ同じまたは類似した意味を持つ二つの漢字を組みあわせ、一つの熟語として定着していったのかという課題を設ける。そして、北方的な「眼」と南方的な「目」、北方的な「牙」と南方的な「歯」といった中国の南北方言の差異を視野に入れて、同義反復熟語の「眼目」「歯牙」の形成理由について二つの仮説を立てる。すなわち、①言語の地域間の差異（あるいは集団間の差異）による意思疎通上の不便さを解消するために、（おそらく当初は書き言葉において）両語併記方式が使われた、②同じ具体的な意味を持つ語が重複して存在したため、日常の話し言葉で使用される頻度の少ない同義反復熟語が関連する抽象的な意味を持つ語彙へ転用された、である。この指導法は、漢字熟語の構成や形成理由の中に潜んでいる漢字文化の形成の多元性と日中漢字文化の奥深い繋がりを理解させ、言葉に対する興味・関心を喚起し、言葉を考える姿勢を養うことを目標としている。

「河川＝かわ・かわ」「温暖＝あたたかい・あたたかい」「測量＝はかる・はかる」のように、同義反復熟語を構成する二つの漢字は同じ訓読みを持っていることが多い。このような同じ訓読みに当てられた複数の漢字を同訓異字という（異字同訓ともいう）。これまでの同訓異字に関する指導では、「異」の部分に注目し、その区別や使い分けを身につけさせる取組みが多くなされてきた。李軍（二〇一四）は同訓異字の「同」の部分、すなわち訓読み（和語）の部分に着目し、絵図を用いた漢字・語彙指導法を提案している。例えば、「帰る」と「返る」の場合、「行ったものが戻ってくる」という根源的な意味合い（イメージ）が、それぞれの漢字の示す概念の中に共有されているように、和語の同じ音声に対応する複数の漢字の中に共通のイメージが含まれることが多い。このイメージを「共通根源イメージ」と称している。そして、次のような手順で学習活動を展開していく。⑴同訓異字の共通根源イメージを想像し、共通根源イメージ図を作成する。⑵共通根源イメージ図中の記号や図形を具体的な事物（言葉）に変換する。⑶変換した具体的な事物間の関連性を考え、変換表を作成する。

具体的な例を見てみよう。「話す・離す・放す」は異なる漢字が当てられたため、「別語」として認識されてきた。が、「はなす」の共通根源イメージ図（図8―1）とその変換表（表8―1）で示したように、「はなす」という和語が持つ根源的な意味合い、すなわち「何かがある事物の中またはその事物の周辺から遠ざかっていく」がそれぞれの漢字の中に含まれている。このような同訓異字に含まれる共通根源イメージを考えさせたり図示させたり図中の符号を言葉に変換させたりする作業を通して、和語の意味細分化過程における漢字の役割を認識させ、和語と漢字の特質、和語と漢字を内包する日本語の特質に対する理解を深めさせることができる。

同訓異字の共通根源イメージに関する指導と同義反復熟語を用いた指導を同じ単元に組み込むことができる。日中の漢字文化を取り入れたこれらの指導法では、普段無意識に使っている同訓異字や同義反復熟語の違う側面に焦点を当てることで、漢字と和語の融合過程、漢字と漢字の複合過程に隠されている不思議な現象のルーツを発見させることが可能である。また、漢字のみならず言葉全般に対する興味・関心を喚起し、「漢字を覚える」ことから「漢字を考える」ことへ学習姿勢を転換させることも期待できよう。

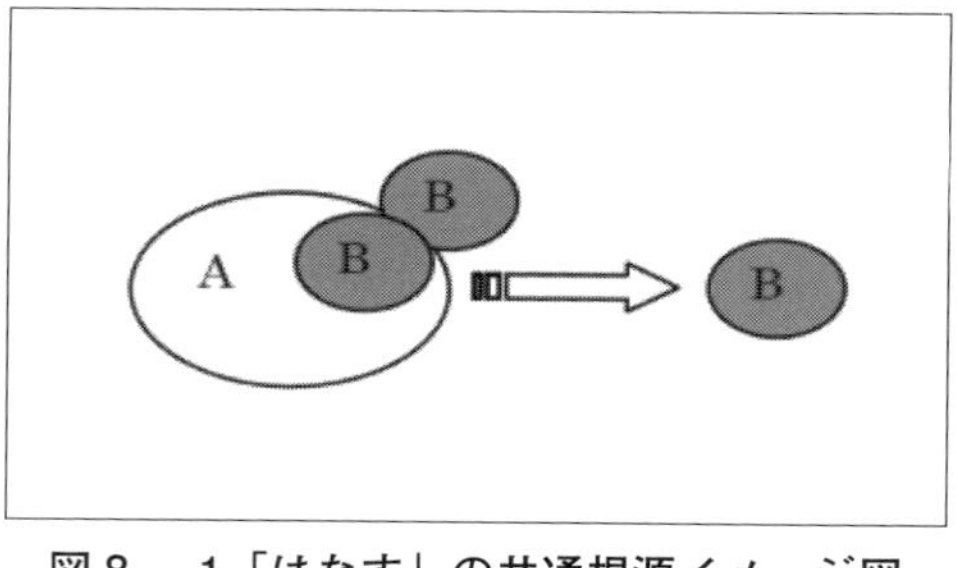

図8－1「はなす」の共通根源イメージ図

同訓異字	A	B	要素関連づけ
話す	口	言葉	人が何かを話す
離す	焚き火	本	本を火から離して置く
	ハンドル	手	手をハンドルから離す
放す	鳥かご	鳥	かごの中の鳥を放す
	バケツ	魚	バケツの魚を川に放す

表8－1「はなす」の同訓異字の変換表

4　興味・関心を喚起するための漢字・語彙指導

町田守弘（二〇〇七）は「学校は、すべての学習者にとって楽しい学びの場でなければならない。教科に対する興味・関心の喚起と学力の育成は、学校教育の基本的な目標である。」と述べ、「高等学校における漢字指導のあり方を考える際にしても、（中略）学習者の興味・関心を喚起するという要素を最も重視した授業の構想を提案したい」という考えに基づき、「ワードハンティング」を用いた高等学校における漢字・語彙指導法を提案している。「ワードハンティング」とは、様々な場所から漢字を含む言葉の採取のことを指す。探索する場所としては書籍、新聞、雑誌、パンフレットなどにとどまらず、テレビ、映画、ＣＭ、インターネットなどの広い範囲を対象とする。漫画やアニメーション、テレビゲームの中に出てくる言葉などにも目を向けて、すべての学習者が関心を持つように配慮する。採取した言葉はＢ６サイズのカードに記入する。カードの記入方法は次の通りである。⑴採取した言葉を「見出し語」としてカードの上の欄外に記入する。⑵漢字の読み・意味を国語辞典などによって調査して見出し語の下に記入する。⑶次の欄にその言葉を採取した場所を記入し、どのような文脈の中で用いられているかも正確に写しておく。⑷その次の欄に出典を詳しく記入する。書籍の場合には、書名、著者名、発行所、発行年月などを記録する。⑸次の欄に採取した年月日を記入する。⑹最後に「問題意識メモ」という欄に、その言葉に関して感じたことや考えたことを自由に記入する。この指導法では、書籍、新聞、雑誌、パンフレットのほか、テレビ、映画、ＣＭ、インターネット、漫画、アニメーション、テレビゲームなど様々なメディアを活用し、学習者の身近にある漢字・語彙に対する興味・関心を喚起するための工夫や、一日に一語、あるいは一週間に一語以上という年間指導計画の中で継続的に漢字・語彙学習を進めていくための工夫、漢字・語彙学習を習慣化していくための工夫、「問題意識メモ」を通して言葉を考える姿勢を養うための工夫、学習者が身近にある中国語を採取し、日本の漢字と中国の漢字（簡体字）を比較することで漢字の特徴と面白さに気づくための工夫など、様々な工夫が凝らされている。

漢字に対する興味・関心を喚起する漢字・語彙指導は、ほかに花田修一（一九九二）、藤堂浩伸（一九九二）、井上次夫（二〇〇二）、李軍（二〇一四）などがある。

5　その他の漢字・語彙指導

中学校や高等学校の教育現場では、成瀬武（一九八九）が提案している言葉遊びを用いた指導法（例えば、漢字づくり、ことわざ・故事成語の完成）や、木村哲也（一九九二）が提案している遊戯的な指導法（例えば、漢字クイズカードの使用、漢字カルタの作成）が見られる。また、根本今朝男（一九八〇）が提案している漢和辞典の積極的な使用を促すような指導法も見られる。さらに、林教子（二〇〇九）が提案している漢字イメージの日中比較（漢数字編）を通した指導法や宮利政（二〇一一）が提案している漢字の変換ミスを用いた指導法なども見られる。ここでは、林教子の授業実践の概要を紹介する。

漢字イメージの日中比較を用いた実践は高等学校で行われたものである。この指導法は、次の三段階で展開していく。まず、今の生徒が持っている数字に対するイメージと、日本の伝統的な数字に対するイメージ（例えば、「四＝死」「九＝苦」）の間に、どのような差異が生じているかを把握する。漢数字のイメージに対するアンケート調査の結果では、「四」が一番イメージが良く、一番好きだという回答が得られた。その理由として、「四つ葉のクローバー」「野球の四番打者」「F４（漫画の登場人物）」などが挙げられている。次に第二段階として、漢数字の字源に遡って、成り立ちや字義を明らかにしていく。第三段階では、古典作品やことわざ・故事成語での用例を示して、それぞれの漢数字がどのような意味を持っているかを一つ一つ検証していく。この指導は古典単元へ繋げる「現代文」の指導内容として位置づけられている。各授業の最初の十分から十五分程度の時間を利用して数字に関するアンケートを取ったり、漢数字を辞書で調べたりした後、一時間（五十分）を使ってまとめるというやり方で行った。この指導を通して、漢数字が第一義的意味（例えば、「三」の「みつ」「みっつめ」の意）と特別な意味づけ（派生的な意味）（例えば、「三」の「しばしば、たびたび、数が多い」の意）を併せ持つものであること、古代中国の陰陽思想の考え方と日本古来の伝統的な観念の間に差異が存在していること、現代日本人が持っている漢数字のイメージと古代中国人や古代日本人が持っている漢数字のイメージとは異なっていることに気づかせ、古文漢文やことわざ、故事成語に使われている漢数字の抽象的な意味への理解を深めさせることができる。

三　未来に生きる授業のデザイン

1　興味・関心を喚起するための工夫

携帯電話やパソコンなど情報機器の普及に伴って、漢字を手書きする機会が減っている今日、「漢字を書かない」から「漢字を書けない」へ、そして「漢字や言葉を考えない」という漢字をはじめとする言葉の習得・運用環境の問題が深刻化している。にもかかわらず、教育現場では依然として漢字の読み書き指導に重点を置き、ドリル的な漢字指導や字形中心の指導が主流を占めている。漢字を手書きする機会が減少し、ともすると漢字使用の必然性がなくなってしまうような場面さえある。ドリル的な漢字練習によって、漢字に苦手意識を持つ学習者が多く生み出され、漢字嫌いや漢字離れに拍車をかけている。このような状況の中で、まず漢字・語彙にしっかりと目を向けさせ、個々の漢字や言葉の来歴や特質を考えさせることで、学習者に漢字や言葉の面白さに気づかせることが大事である。そうして興味・関心を喚起させることで、これからも自ら積極的に漢字・語彙を学習していく習慣を身につけさせることが期待できる。本章で紹介した指導法からは、漢字・語彙に対する興味・関心を喚起するための工夫を多く見出すことができる。

漢字・語彙に対する興味・関心を喚起するために、まず、学習者が何に興味を持っているか、どういったことで躓いているか、いわば学習者の実生活と学習者の実態を把握しておく必要がある。そして、学習者の興味・関心を喚起する前に、指導者自身がまず興味を持って接するべきである。そのために、いつもと異なる視点からのアプローチを試みることが大事である。着眼点を変えることで、今までの漢字・語彙指導で見えてこなかった興味深い要素を見出すことができるからである。さらに、興味・関心の喚起を持続可能な漢字・語彙学習に結び付けるために、投げ込み的な指導ではなく、年間指導計画の中で漢字・語彙指導の在り方を考えなければならない。系統的な漢字・語彙指導は内容面と指導計画の両面から考える必要がある。本章で紹介した町田守弘の実践は参考になる。

2　指導法と学習法を一体化させるための工夫

優れた指導法は、最終的に指導しなくても学習者が自ら進んで学習していくように仕向けることができるものである。棚橋尚子（二〇一五）が「デジタル時代を迎えても、学習方略の獲得が漢字学習指導の重要なポイントである」と指摘しているように、どんな時代においても、漢字指導の最終目標は学習者自身の漢字習得と、漢字・語彙の学習方法の習得である。この学習方法には、漢字の特質や分類、六書や字源などに関する具体的な内容と、「思考→発見→帰納→活用→思考」といった学習回路の形成に関する抽象的な内容が含まれている。後者の学習回路を形成させるためには、(1)常に漢字・語彙を考える姿勢、いわば漢字・語彙に対する問題意識を育成するための工夫、(2)発見や気づきを体験させるための工夫、(3)漢字・語彙の特徴や類型を整理したり帰納したりするような場を設けるための工夫、(4)発見したことや習得した漢字・語彙を活用するような場を設けるための工夫などを凝らす必要がある。

小嵜麻由による「古代文字ギャラリートーク」の実践は、この学習回路の形成に役立つ要素が多く含まれている。この指導では、まずこの漢字はなぜこういう読みを持ち、このような字形を呈しているのかという問題意識を抱かせ（思考）、調べ活動を通して新たな発見を得て（発見）、そして、それに関連する漢字や語彙を視野に入れて再調査し、そのグループの漢字の特徴を自分なりに整理し（帰納）、それらを如何に人に説明するかを考え（活用）、この一連の作業で得られた知見をまた次の学習に繋げていく（思考）というプロセスで、学習回路の形成を促している。この指導法は、指導者が登場する場面は最初の字源学習と書の指導だけで、後は学習者の自力によって展開されていくので、学習法を身につけさせるにも効果的である。

3　受動的な学習から能動的な学習へと転換させるための工夫

従来の漢字指導では、短文や文章を正確に理解させる指導の中で、漢字の読み書きや字義を学習させたり、作文指導の中で、書けなかった漢字を辞書などで調べさせたり書き間違えた漢字を訂正させたり、反復練習の中で既習漢字を定着させたりする、といったような受動的な学習活動が多く盛り込まれている。このような受動的な学習は漢字の形・音・義といった基礎的な要素を習得させるのに有効であるが、学習者の意欲を高めたり、系統的に漢字の知識を習得したり、その知識を言語生活に生かしたりする面においては課題がある。多様なメディアが増えつつあるこれからの時代では、「読み」「書き」「運用」を中心とする伝統的な漢字指導とともに、学習者が興味を持ち、自ら進んで学習したり活用したりしていく、いわば能動的な漢字学習指導が求められている。

能動的な漢字学習を可能にするためには、漢字の形・音・義を記憶させるだけでなく、漢字を用いて表現させたり、漢字で物事を想像・創造させたりする活動（創作活動や表現活動）を盛り込むと効果的である。つまり、漢字力とともに、想像力、思考力、表現力などを同時に育むための授業構想が必要である。本章で紹介した長瀬瑞己の実践（漢詩を創作する）や西村仁美の実践（「漢字の本」を作る）では、このような工夫が見てとれる。

おわりに

本章では、中学校・高等学校における漢字・語彙指導の類型と実践例を紹介し、それぞれの実践の特徴と工夫を分析した。これからの時代においては、学習者中心の漢字学習指導が求められている。また、漢字・語彙指導は学習者があってはじめて成り立つもので、どの指導法が適用できるか、目の前の学習者の実態を見極める必要がある。さらに、効果的な指導法を如何に効果的な学習法に結びつけていくのかも一つの課題であろう。

とはいえ、本章で紹介した指導法は、漢字の様々な側面に焦点を当てた斬新な授業構想が多く、漢字力とともに語彙力・想像力・思考力・表現力といった総合的な国語力を育むための工夫も多く含まれている。これからの漢字・語彙指導に何らかのヒントになることを願っている。

引用および参考文献

池田英雄「漢字・漢語の指導」（増淵恒吉・三谷栄一・小海永二・新田大作編『高等学校国語科教育研究講座　第十一巻　漢文』有精堂、一九七四）

市川本太郎『教育漢字指導法―学年配当と字源の解説』学芸図書、一九六三

井上次夫（二〇〇二）「興味を疑問から始める〈楽しさ〉のある漢字学習」（『月刊国語教育研究』6月号、日本国語教育学会）

小嶌麻由編『古代文字ギャラリートーク』神戸大学附属中等教育学校、二〇一〇

木村哲也「漢字遊びによる音と義の指導」（『新版　国語実践指導全集　第十巻　言語事項の指導2　文字・漢字・表記』日本教育図書センター、一九九二）

倉澤栄吉『国語シリーズ13　漢字と国語教育』文部省・光風出版、一九五三

小林一仁『漢字の系統的指導』明治図書、一九八四
白石光邦『要素形的漢字学習指導法』桜楓社、一九七七
須田実「中学校の漢字教育」（『漢字講座　第十二巻　漢字教育』明治書院、一九八八）
棚橋尚子（二〇一五）「学習方略を身につけさせることのできる漢字指導を目指して」（『日本語学』4月臨時増刊号、明治書院）
千々岩弘一（二〇一五）「国語科教育における漢字指導の共有点とその源流」（『日本語学』4月臨時増刊号、明治書院）
藤堂浩伸「同音語を調べ、漢字への関心を高める指導」（『新版　国語実践指導全集　第十巻　言語事項の指導2　文字・漢字・表記』日本教育図書センター、一九九二）
長瀬瑞己「『漢詩』の授業―漢語を組み合わせて詩を創る楽しみ」（田近洵一・浜本純逸・大槻和夫編『たのしくわかる高校国語Ⅰ・Ⅱの授業〈古典〉』あゆみ出版、一九九〇）
成瀬武（一九八九）「言葉を豊かにする語彙指導」（『月刊国語教育研究』2月号、日本国語教育学会）
西村仁美「漢和辞典を引いて作る『漢字の本』」（『新版　国語実践指導全集　第十巻　言語事項の指導2　文字・漢字・表記』、日本教育図書センター、一九九二）
根本今朝男「漢字指導」（『講座　中学校国語科教育の理論と実践　第二巻　言語指導』、有精堂、一九八〇）
花田修一「楽しい漢字の音訓学習」（『新版　国語実践指導全集　第十巻　言語事項の指導2　文字・漢字・表記』、日本教育図書センター、一九九二）
林教子（二〇〇九）「漢字イメージの日中比較・漢数字編―高等学校国語教育での活用法―」（『早稲田大学国語教育研究』第二九集、早稲田大学国語教育学会）
町田守弘（二〇〇七）「高等学校における漢字・語彙指導の工夫―『ワードハンティング』を通して―」（『月刊国語教育研究』1月号、日本国語教育学会）
宮利政「中学校の漢字・漢文をめぐる実践と課題―私立中学校での経験から」（堀誠編『漢字・漢語・漢文の教育と指導』学文社、二〇一一）
李軍（二〇〇八）「豊かな語彙力を目指す授業創り―日中の『同義反復熟語』をめぐって―」（『解釈』5・6月号、解釈学会）
李軍『漢字文化を生かした漢字・語彙指導法の開発―日中比較研究を軸に―』早稲田大学出版部、二〇一四

Ⅳ 展望――これからの漢文教育の授業づくり――

安居總子

はじめに――展望を考える二つの視点

現行学習指導要領では、「伝統的な言語文化に関する指導の重視」が掲げられている。すなわち、話すこと・聞くこと、書くこと、読むことの三領域に「伝統的な言語文化と国語の特質に関する事項」を新設し、我が国の歴史の中で創造され、継承されてきた伝統的な言語文化に慣れ親しみ、継承・発展させる態度を育てることを重視するとした。漢文に関しては、「漢文」「訓読」の語が示されている。小学校から古典の世界に触れ、楽しみ、親しむ言語活動、例えば音読、朗読、暗唱などを始めるようになっている。高等学校はその延長線上にあり、伝統的な言語文化への興味・関心を広げ、理解を深め、生涯にわたって親しみ人生を豊かにする態度を育てることとしている。それに則ったとされる教科書学習材の採録状況は、次のようである。

小学校―ことわざ、名言、漢詩の一部

中学校―論語、漢詩、故事成語とそのもとの故事を漢文（書き下し文と訓読文）で提示し、「訓読」とはなにかの解説をつける高等学校――漢文入門、論語孟子などの思想、史伝、唐宋八大家の文章、漢詩などを、漢文（訓読文）で示す。

展望は、二つの視点で考えてみたい。

1．歴史の中で創られ継承されてきた伝統的な言語文化である「漢文」「訓読」が、近代以降の国語教育・漢文教育にどのようにつなげられたのか、不連続はなかったのかという視点。

それは「伝統的な」をどのように考えるのかという視点、「漢文」「訓読」をどのように考えるのかという視点、日本語をどのように考えるのかという視点でもある。

2．二十一世紀を生きる人の「生きる力」を育んでいく手だてとしての学習指導―古典（漢文）が好き、おもしろい、新しい知識が得られた、考える分野が広がった、もっと読んでみたい、調べてみたい、日本人ってこんないいところがあったんだ、といった言語生活者にするための学習指導のあり方、工夫はどうすればよいかという視点。

一　近代漢文教育における言語文化の連続と不連続――「訓読体漢文」の学習文化――

1　「伝統的な言語文化」の「伝統的な」を考える

「伝統的な言語文化」とは、「我が国の歴史の中で創造され、継承されてきた」「文化的に高い価値をもつ言語そのもの、つまり文化としての言語、また、それらを実際の生活で使用することによって形成されてきた文化的な言語生活、さらには古代から現代までの各時代にわたって、表現し、受容されてきた多様な言語芸術や芸能など（小・中学校学習指導要領解説）」をいう。「漢文」はその一つであり、言語、言語生活、言語文化＝芸術・芸能すべてにかかわる。

2　「漢文」と「訓読」

「漢文」とは何か。「漢文」という呼称は近代教育スタート時に生まれた。「和漢文」（明治一四〈一八八一〉年、「中学校教則大綱」）の語が生まれ、「和文」に対しての「漢文」を意識したと考えられる。が、「和文」「漢文」の区別は定かにはされず、明治一九（一八八六）年、「中学校令」には、「国語及漢文」と記されても、「漢字交リ文及漢文ノ講読書取作文（「中学校令　尋常中学校ノ学科及其程度」）とあるのみであった。明治三四（一九〇一）年「中学校施行規則　学科及其ノ程度」には「国語及漢文ハ普通ノ言語文章ヲ了解シ正確且自由ニ思想ヲ表彰スルノ能ヲ得シメ」と記され、「普通文」として用いられるようになる。しかし、規定にはあっても明確にはされていない。明治一五年稲垣千穎の小学校『読本（巻一～巻八）』は、「普通文」として慶長元和より当代に至るまでの名家の文章を書き下し体で載せ、巻七・八には原漢文から取って書き下し体に改めたものを半数載せている。この時期は日本語として固定されていく過渡期のものと考えてよい。

江戸期までは、文章といえば「漢文」であり、「漢学」という呼称が「国学」「洋学」に対してうまれたが、「洋学」を書き表すのは「漢文」であった。[1] 出版物でも、本文は漢字仮名交リ文で書き、序文は漢文で書くというふうだった。つまり、「漢文」は日本語の書記言語の一つであった。公的な記録は「漢文」で書かれたし、正式な文章の書き方であった。

書記言語をもたなかった日本は、中国から伝来した文物を「訓読」という方法で、日本語の文法に則り日本語化（翻訳）する技術を工夫し確立していった。「訓読」とは、中国古典の文章を解釈するために編み出された一つの方法である。日本人は「訓読」によって、漢字の音と訓（意味内容）を区別し、送り仮名によってそれを確かにする方法も身につけた。そして訓読することで中国古典の知的世界に身を置き受容しつつ新たな思想文化を創造していった。「訓読」が日本の言語文化―文字、漢字の音・訓の使いわけ、語彙、文体、思想、文化――を形造ってきたともいえる。現代ではすっかり同化してしまって意識されることはない。「訓読」は日本の言語文化の歴史そのものであるのだが、「訓読」という方法（解釈のし方）だけが論じられ、日本人の思考方法・思想形成の問題としては論じられることは少なかった。「訓読」の文化という視点では論じられなかった。今、この「訓読」を再考し、日本人の思考法形成や伝統文化形成の観点からの研究が始まっている。

3 「訓読体漢文」の学習文化形成と教育環境

徳川家康が天下統一を果たし、江戸に幕府を開いて以降、政治、制度、生活、文化、ともに安定した時期に入った。そこで生じたのが、士農間の年貢米の商品化と流通にかかわっての読み書き算の能力の必要、かつその習得に精を出す人の増加ということである。庄屋と呼ばれる村落の指導者やそこで働く人々も含めて、その学習をする場――手習塾・私塾が各地にでき、武士も文武両道で学問する気風が生まれ、各藩にも藩校ができていった。教える人は儒者・僧侶らで、人々は生活時間の中に学びの時間をさき、それぞれに応じていろは（読み書き）・算に始まり、さらには学問として漢文を学んだ。

寛政七年幕府は私塾の一つを昌平坂学問所（昌平黌）とし、学びのカリキュラムを編成して教育に乗り出した。昌平黌は「素読吟味」（テスト）を行ない、各藩の藩校もそれにならう。これが「訓読体漢文」の文化を生み出すことになる。

昌平黌のカリキュラムは、「素読」「講釈」「輪講」「会読」であった。

◇素読――テキストは四書（『大学』『中庸』『論語』『孟子』）、『孝経』、『小学』、五経（『易経』『書経』『詩経』『礼記』『春秋』)。定型化した「訓読」によって読む訓練をするが、実際は暗唱。「素読吟味」がある。
◇講釈——文章の読解。漢字漢語の意味を読み解きながら内容を理解する。テキストは四書五経。素読ができるようになると先輩格の者が教えた。
◇輪講・会読——漢籍の読解ができるようになった者同士の学び合い、輪講と会読(今でいう討論)とがあったようだ。読解ができるようになった者は「独看」で自学自習する。

佐藤一斎(一七七二—一八五九)の教授要領『初学課業次第(天保三年)』によれば、「素読」は、四書から始め、五経、『小学』に進むのがよい、もっぱら「習読暗唱すべし」とある。ここまでくれば訓読は完成するはずだ。むしろあきてしまわぬように『三体詩』『文章軌範』などを使って暗唱するほうがよい。「講釈」は、四書五経を本義からはずれぬようくり返し学習すること。「会読」は、経類にとどまらず、史類、子類、集類にわたって読み、同じ書物を読んだ者同士、あるいは同じ力量をもつ者同士で討論をする、そのために「独看」つまり自学自習して力をつけることが大切だ、と述べている。

この会読に至るまでの自学自習の方法が「素読」して暗誦することであった。漢文の読み方は、標準的な(「素読」に適合した)訓読体となり、和文に倣うが和文とは違う独特の「訓読」で読む「訓読体漢文」となった。書記方法は、白文、白文に訓点・送り仮名を施した文、漢字仮名交じりの書き下し文である。十八世紀末に定型化されたと考えられる。

「素読」は意味もわからぬまま声に出して暗唱する行為で、辻本雅史は「テキストの身体化」ととらえ、それが「思想的で学問的な言語であると意識されていた」(2)という。「素読」の対象が「訓読体漢文」に変換された意味は重い。「訓読体漢文」は身体化するのに適した、声に出して調子よく響く文体の言語、「素読のための言語」になっていた。そして、その身体化の読みが、漢文言語で考える人間、思想をつくっていったのである。

「訓読体漢文」は、「素読」「素読吟味」がつくったといえるが、出版メディアも「訓読体漢文」の流通を加速した。元禄、十七世紀後半から出版メディアが増加し、初めは節用集、実用書であったが、さまざまな分野、農業書、医学書、本草学、養生訓、子ども向けの教育書などに出版がおよぶようになった。漢籍も和刻本の出版が多くなり、また、毛利貞斎『四書正文大綱俚諺鈔』（一七一五）・中村惕《てき》斎『四書示蒙句解』（一七〇一）のような学習書（指導書といってもよい）も登場した。さらには、農民でも学問すれば医者や僧侶になれるという風潮も生まれ、教育熱・学習熱をあおり、読書が庶民の生活に根づいていった。それに応ずるかのように刊行されたのが『経典余師』である。

『経典余師』は、天明六（一七八六）年、渓《たに》百年という儒者が編集した経書の注釈書である。自学自習書として刊行されたもので全十部六十巻あるが、寛政改革の学問奨励と重なり爆発的に売れ、多くの支持を得た一種のシリーズものである。書籍の型式は、上段に読法《よみよう》（書き下し文で漢字にルビ）を記し、下段に本文（訓点送り仮名つき）と通釈（漢字平仮名交じり文）をつけ、必要に応じ簡単な解説をつけている。『経典余師』は、四書之部　十巻に始まり、孝経之部、弟子職之部、小学之部、詩経之部、孫子之部、書経之部、易経之部、近思録之部が、天保一四（一八四三）年までの約六十年間（四書之部は寛政六〈一七九四〉年に再版）にわたって刊行された。その発行部数は尋常ではなかったというし、重版のものには偽版もあったようで（出版が追いつかなかったらしい）、その需要が都市部のみならず地方、そして社会的階層を超えて、「素読」を必要とする人々に受け入れられていった。[3] 十七世紀末からの私塾での教育は、カリキュラム、テキスト、学習方法等、それぞれに応じてのものであろう。藩校とは違った、また地域に応じたものであろうが、日本人の知の創造と関連させて教育史研究を深めたい。

『経典余師』が出版された当初は、「聖人の書にふりがなをつけて刊行することは聖経を軽んずることであり、学問逸脱だ」と批判され、その後『教典余師』について論じられることはなかった。が、素読吟味に備えて、あるいは独学でしか学ぶ機会のなかった（私塾がない地方の）者にとっては、自学自習の参考書として格好のものであったのである。

出版メディアに関しては、貝原益軒の『和俗童子訓』に始まって『実語教』『童子教』『三字経』など、平仮名つき和訓の書、あるいは経典余師型注釈書など、幼童向けの出版は明治まで続くのである。そして多くの私塾からは「素読」の声が流れたという。そのときに刊行されベストセラーになったのが頼山陽の『日本外史』である。漢文で書かれているが「訓読体漢文」の読みやすく暗唱に向く文体で、史書ではあるが小説的なおもしろさで人々に迎えられた。斎藤希史は、「漢文という書記言語における訓読という行為が付随的なものから中心的なものに移行するのを『日本外史』が加速した」と述べている。(4)

以上、整理すると次のようになる。

1．中国古典の文章を「訓読」によって解釈する技法は、寛政期昌平坂学問所のカリキュラムの制度化により、儒教の思想統一とともに、「素読」の学習方法が「素読吟味（テスト）」を行うために、一つの訓読体に定型化せざるを得なくなった。

2．「素読」という学習方法が、声に出して読み暗唱することにあり、そのためにリズミカルな文体としての「訓読体」があみ出された。

3．暗唱は、身体化という行為で言語を獲得することであり、「素読」により訓読のリズムを日本語感覚として身につけた。

4．さらに暗唱に適し、定型化した「訓読体漢文」のテキストが生まれ、その学習のための自学自習書が刊行され、都市地方を問わず、またさまざまな社会的階層の人の学習に資することになり、全国に広まっていった。

5. 多くの儒者・学者・僧侶たちは、自己を語る文章に訓読体漢文を用いた。

6. 「訓読体漢文」で表現することは、江戸後期より明治まで続いた。

4 明治初年の中学校漢文教科書——日本漢文から訓読体漢文へ——

明治期に入って「学制（一八七二）」「教育令（一八七九）」と公布されたが、明治初年の国語教育・漢文教育は試行錯誤の状態であった。「和漢文」「国語及漢文」「普通文」の規定は不明瞭のままで、教科書事件、検定制度制定を経て、国語科成立の明治三三（一九〇〇）年あたりまで続く。またそれは、小学校で何を学んでいくのかという点で、小学校の修業年限の変化ともかかわる。明治一四（一八八一）年の初等科三か年・中等科三か年・高等科二か年計八か年は、明治一九（一八八六）年には尋常小学校四か年・高等小学校四か年・計八か年となり、明治四〇（一九〇七）年には小学校六か年となる。その後の五か年が中学校（及び女学校）で、それは義務教育ではなかった。

初期のテキストは、稲垣千穎の『読本、巻一～八』（一八八二）にみるような「訓読体漢文」（漢字仮名交じり文）で、それも時代とともに変わっていく。選ばれる教材や指導法についての難しさがわかってきて工夫もされるようになる。中学校では明治初期には江戸期のテキスト例えば『文章軌範』『唐宋八大家文』などをそのまま使っていたが、明治三四年中学校施行規則に向けて作られた漢文テキストが近代漢文教育のモデル教科書となっていく。すなわち中学校に入学してくる者に適う教科書は、秋山四郎、深井鑑一郎、内堀維文、三者それぞれの編集になるものにその原点がある。(5) 大方は次のようになっていた。

一・二年——訓読体漢文、邦人名家の文章、例えば、大槻盤渓『近古史談』青山延于『皇朝史略』中村栗園『日本知嚢』頼山陽『日本外史』 鹽谷宕陰『昭代記』などから。

三年――資治通鑑　五代史から。
四年――唐宋八大家文　漢書　史記から。
五年――戦国策　史記　唐宋八大家文から。
全体的な特徴を、五点指摘しておきたい。
①「素読」の四書五経が消えた。また「素読」そのものもなくなった。
②「訓読体漢文」（書き下し文＝漢字仮名交じり文）の文章から学習する。
③教材提示が、一年は「訓読体漢文」（書き下し文＝漢字仮名交じり文）、二・三年から次第に訓点送り仮名つき、四年訓点のみ、五年白文と、漢文訓読ができることが最終目標であった。
④和文主漢文従の風潮があり、例言に漢文をやれば漢字をおぼえられるという目標を掲げている。
⑤良文モデルを唐宋八大家の文章に求めているが、それは「書くこと」の指導のためではなかった。読んでおけばいずれ役に立つという考えであった。
次に、江戸期の漢文学習が現代に示唆するものを指摘しておきたい。
①「素読」を通して「漢語」と「訓読体漢文」の文体を身につける（身体化による語彙獲得を含めて）ことは幼少時から始めたい。そのための文章の発掘、採取、学習材化の見通しをつける。「素読」に「音読み素読」と「訓読み素読」とを併用する。
②「訓読」の技法の基本を教える工夫を。通釈を参照しながら原文（白文）に記号を入れてみる、音読を聞いて記号を入れてみる、など。
③「訓読体漢文」をおぼえることから、創作（擬古文、漢詩）につなげる。日本の知の創造に資する漢籍を学習材化する。（例えば、平安時代に読まれた白楽天の詩文を学習材化する、など）。現代にも通ずる「文章軌範」

をつくってみることも必要であろう。

④　近世の出版メディアの研究も欠かせない。ここから学習指導に関する多くの工夫が見いだせるであろう。

5　訓読体漢文の見直しを

今、「漢文訓読」を、伝統的な言語文化としてとらえるとは、近世に完全に根づいた「訓読」の文化を、正しく「訓読体漢文」の学習文化として見直すことである。「訓読体漢文」の見直しは、「伝統的」をどう見るかということであり、日本語をどう認識するかということでもある。特に、江戸から明治に受け継がれたもの、受け継がれなかったものについて考えていきたい。

日本人は多くのものを中国に求め、それを自家薬籠中のものにしてきた長い歴史を持っている。日本人が中国に求めたものは、思想・哲学・宗教・天文暦数、医学等で、それを「訓読」という翻訳の方法で日本語化して取り入れた。漢文の音・訓という読みと意味を読み取る訓読から生じる独特の文体、漢語、和語・和文にはないものを身につけた。特筆すべきは、近世の学びは「訓読体漢文」によってなされた、ということである。その後、「漢字仮名交じり文」はそのまま現在の日本語の書記言語として定着した。

二　これからの「漢文」の学習指導

1　探究活動を取り入れる

古典が嫌いにならないようにする。古典ってこんなにおもしろい、昔の人と話してみたいなあ、今使っている日本語とつながっているんだね、というところが授業の核になるような学習指導をしたい。学習者がつまらないから眠ってしまうというのではなく、学びのスイッチが入るような授業を考えたい。本書には、ここ二十数年のすぐれた実践が選ばれて紹介されているから、新しい実践のヒントを得ることができよう。

ここでは、筆者の体験から、「こんなこともできるのだな」といったヒントを中学校の場合を中心にいくつか並記してみたい。

1、「素読」から漢文ワールドへ

① 「音読み（直読）素読」と「訓読（読み下し）素読」をする。原文を中心に左に訓読み、右に音読みのふりがなをつけて提示。両方をくり返し読む。

② 「音読み素読」と「訓読み素読」を比べて置き字を発見したり、訓読の記号を知ったりする。

③ 漢和辞典を用いて、常用漢字外の漢字を探し、その紹介プレゼンを行う（『漢字五万字の表』大修館を見せるとよい）。

④ 「訓読体漢文」から生まれた独特の言葉を集めて（『漢文必携』などを参考にし、用例研究を兼ねて）自前の「用例集」を作り、発表しあう。

所以　ゆえん、乃　すなはち、未　いまだ…ず、況　いわんや…中略…をや、

縦　たとい…とも、当　まさに…とす、

など、二十個ほど提示して、ペアで調べて用例集をつくる。

⑤ 「訓読体漢文」の名文を、例えば『論語』、漢詩、名文から五十または百選んで、百人一首をおぼえる要領で、音読を毎日くり返す。また、好きな言葉をを選んでスピーチしたり、コメントをつけたりする。

2. 中学校一年　初めての漢文……　「単元　心　」（2時間）

提示文―学習者にはA4（B5）判用紙に印刷。指導者は模造紙に書いて黒板に掲示。

> 心《こころ》焉《ここ》に在《あ》らざれば、
> 視《み》れども見《み》えず、
> 聴《き》けども聞《きこ》えず、
> 食《く》らえども其《そ》の味《あじ》を知《し》らず。
>
> 心不レバ㆑在ラ㆑焉ニ、
> 視レドモ而不㆑見エ、
> 聴ケドモ而不㆑聞エ、
> 食ラヘドモ而不㆑知ラ㆓其ノ味ヲ㆒。
>
> 『大学』

①　くり返し音読。置字に気付く。「視と見」「聴と聞」の違いに気付く。文言の大意を知る。

②　「心」について考え、百五十字で文章を書く。

③　②の文章を印刷し、読みあい、批評する。

④　谷川俊太郎『こころ』（朝日新聞出版　二〇一三）から十編選んで印刷。読んで、好きな詩を選び、好きな理由とともに文章にし、発表しあう。

⑤　「心とは」の定義文を書く。

3. 中学校二年　「単元　論語の世界」

『論語』の文言をすべて読むことは難しい。教科書には、二、三文掲載されているのみというのもある。指導者は、学習指導の目標に従って自分自身でテキスト「論語抄」をつくることをすすめる。

例えば、次のような学習活動をおこなうための、文言を選び、「論語抄」にする。
①座右の銘にしたい文言を選び、書き写す。——学問に向くような文言20篇用意する。
②カレンダーをつくる。——過不足なく選べるように文言30篇用意する。
③「学ぶとは」というテーマで討論する。——「学び」に関する文言を10篇用意する。

4．中学校三年「単元　志学の年に考える——人事を尽くして天命をまつか　天命を信じて人事を尽くすか」

学習の流れ

第一次

①

吾十有五ニシテ而志ス㆓于学ニ㆒。
三十ニシテ而立ツ。
四十ニシテ而不㆑惑ハ。
五十ニシテ而知ル㆓天命ヲ㆒。
六十ニシテ而耳順フ。
七十ニシテ而従ヘドモ㆓心ノ所ニ㆑欲スル、
不㆑踰エ㆑矩ヲ。

吾十有五《われじゅうゆうご》にして学《がく》に志《こころざ》す。
三十《さんじゅう》にして立《た》つ。
四十《しじゅう》にして惑《まど》わず。
五十《ごじゅう》にして天命《てんめい》を知《し》る。
六十《ろくじゅう》にして耳順《みみしたが》う。
七十《しちじゅう》にして心《こころ》の欲《ほっ》する所《ところ》に従《したが》えども、
矩《のり》を踰《こ》えず。

『論語』

「志学」「而立」「不惑」「知天命」「耳順」の意味を知る。

②標題「人事を尽くして天命をまつか、天命を信じて人事をつくすか」について、前者をとるか後者をとるか考えて意見と根拠を書く。

第二次

①「論語抄」(教師作成)を音読する。内容を知る。暗唱、書写作品にする。

②井上靖『孔子』(第二章のみ印刷)を読む。読後感を話しあう。

③論語に関するエッセイ等をなるべく多く読み、読み比べる。

第三次

①標題のことについて小さな討論会を開く。

②作文「旅立ちを前に『志学』の年に考える(私の生き方)」を二〇〇字にまとめる。

③文集にして、読みあい、交流する。

2 日本漢文の教材化と漢文訓読の方法

近代漢文教育の歴史は、「和漢文」に始まり、混沌のうちに「国語及漢文」「国語漢文」となって「普通文」という課題を与えられた。ところが出発点で、「和文」と「漢文」を独立させて教師が分担し、それぞれの守備範囲の中で必要なことを教えるという分担制ができあがっていった。それが、近世を否定するところから始まる近代教育の枠の中にはめこまれ、その枠の中ですませてきた結果が今の「漢文」の学習である。「漢文」ではその出発点のところで、近代化の名のもとに近世の言語文化が忘れられていった。書記言語として「訓読体漢文」(漢字仮名交じり文)を「普通文」に組み入れたはよしとしても、その時代に書かれた文章の「訓読体漢文」を捨て、中国古典と格闘し訓読する行為（どのように訓読したか）だけを中国古典の文章とともにのせ、日本人の書いたものはとりあげなかった。

3　知的生産をおこなう基礎教養として

「漢文」は、日用文としては必要なものではない、役に立たないと言って切り捨てる人が多かろう。「漢文」はそれを使って成果を出すという成果主義には不似合なものである。しかし近世では「漢文」は思考語であり、知的言語であった。二十一世紀にはいって、知識基盤社会を生き抜くための基礎教養、知的生産を行う上での基礎教養として「漢文」の学習が必要になってきている。漢語は造語力に富み、概念形成に有効である。漢文の文体は表現主体に明晰な思考と的確な判断を促す。近世に開発され普及した「訓読体漢文」は、二十一世紀型の知的言語を育み、知識を創り出す創造力を育てるであろう。

「細りゆく日本語の危惧」という言葉を聞くことがある。そうならないために、和文・漢文双方に目を向けて考え直し、「訓読体漢文」の学習伝統を評価していくべきではなかろうか。近世の文化の中心であった「訓読体漢文」の文化を新しい視点で見直し、「教養としての漢文」学習を創造していくことが必要であろう。

4　国語科漢文の学習内容の検討を

「漢文」の授業は「漢文」という学習材（教材）と言語活動の組み合せでつくる。「漢文」そのものが難しいために、指導者の講義形式（教壇方式）になっているのが現状のようである。「漢文」は古文（和文）と並ぶもので、両者を学ぶことでないと、それも関連させて学ぶことでないと日本の言語文化は理解できない。和文と漢文の学習をクロスさせて、日本の知（中世・近世の知）を探る学習を総合的に行う。この学習はさらに広げて、漢字文化圏での共同の学習を可能にするであろう。「会読」の記録が残っていれば、現代にも通ずるテーマがみつかるかもしれない。近世の学びは、「調べ読みのあと討論」の形をとっていた。「深める、広げる、人を知る」学習は、日本の学びの伝統でさえある。我が国の歴史の中で創造され、継承されてきた伝統的な言語文化「訓読体漢文」に親しみ、教養として漢文を身体化することは、日本の言語文化を継承し、発展させようとする態度にほかならないし、日本語を発展させる基盤となる。国語科漢文の学習内容の検討は日本語の将来を考えることである。

（二〇一六・八）

注

（1）岸田知子『漢学と洋学』大阪大学出版会、二〇一〇
（2）辻本雅史「素読の教育文化――テキストの身体化」（『続「訓読」論』勉誠出版、二〇一〇）
（3）鈴木俊幸『江戸の読書熱』平凡社、二〇〇七
（4）齊藤希史『漢文脈と近代日本――もう一つのことばの世界』ＮＨＫブックス、二〇〇七
（5）安居總子「国語科成立期における漢文」全国漢文教育学会（『新しい漢字漢文教育』四九号（二〇〇九）～五二号（二〇一一））

参考文献

安達忠夫『素読のすすめ』カナリア書房、二〇〇四
甲斐雄一郎『国語科の成立』東洋館出版社、二〇〇八
鈴木俊幸『江戸の読書熱』平凡社、二〇〇七
田部井文雄（編）『漢文教育の諸相』大修館書店、二〇〇五
辻本雅史『思想と教育のメディア史』ぺりかん社、二〇一一
中村春作・市来津由彦・田尻祐一郎・前田勉（編）『続「訓読」論』勉誠出版、二〇一〇
幕末維新期学校研究会・高木靖文（編）『近世日本における「学び」の時間と空間』溪水社、二〇一〇
前田勉『江戸の読書会』平凡社、二〇一二
安居總子「国語科成立期における漢文」全国漢文教育学会（『新しい漢字漢文教育』四九号（二〇〇九）～五二号（二〇一一））

おわりに

本書では、漢文テキストを教材とした様々な授業実践を検討してきました。漢文教育は長い歴史を持つ営みですが、その営みを整理して記述した本は（とりわけ戦後を対象としたものは）それほど多くはありません。その点で、本書は、現在の視点から漢文教育の実践の営みをふりかえり、漢文教育の意義とその意義を実現する方法について検討したという特色を持つものです。

本書には、様々な使い方があります。

たとえば、明日の授業について考える際には、その文章のジャンルに応じて、第Ⅲ部の第1章から第4章を参考にすることができるでしょう。あるいは、言語活動について考える際には、第5章から第7章を参考にすることができます。特に漢字や語彙に着目したい場合は第8章が参考になります。

とはいえ、これらの章はただ「方法」のみを記述しているわけではありません。なぜ「思想」なのか、なぜ「史伝」なのか、なぜ「漢詩」なのか、なぜ「日本漢文」なのか、それぞれのジャンルを取り上げる意義について考察し、その視点から実践を検討しています。また、言語活動や漢字・語彙学習についても、ただ「漢文」の枠だけで考えるのではなく、「古典」として、「国語科」として、そして、「教育・学習」としての意義を考えるものになっています。漢文教育の意義は、絶えず問い直されていきます。その意義について考えるためのきっかけとしても、これらの章を読むことができます。

さらに漢文教育の意義について考え、また、その歴史についてふりかえり、考えようとするときには、序や、第

Ⅰ部、第Ⅱ部、展望を読んでください。現在の漢文教育の姿は、「当たり前」のものではありません。歴史的経緯の末に、現在という状況で形作られている姿です。これからの漢文教育の姿が、現在の漢文教育の姿通りでなければならないわけではありません。まだ見ぬ（あるいは日々作り出されようとしている）これからの漢文教育の姿を考えるための参考になるはずです。

最後に、索引を使った読み方もご紹介しておきます。たとえば、「訓読」という言葉に該当するページを読んでみてください。それぞれの筆者が、漢文テキストを用いる上で避けては通れない「訓読」という現象について、どのようにとらえ、どのように意義づけているかをみることができます。

本書を読まれる中で、「なるほど」と思われたり、「そうだろうか」と思われたり、「そうはいっても」と思われたりすることが多々あると思います。それは、読者のみなさんがそれぞれの状況において漢文テキストに触れ、漢文教育の営みに触れている以上、当たり前のことです。漢文教育について語る言葉は、それぞれの現場において紡がれ続けていますが、現場を越えて共有する機会はそれほど多くはないようです。本書が読者のみなさんのそういった言葉をさらに活性化し、つないでいく触媒として働くことを願っています。

本書の編集発行に際しては、溪水社の木村逸司様・木村斉子様に多大なるご苦労をおかけしました。厚く御礼申し上げます。

（冨安慎吾）

【ま行】

牧本千雅子　164
正岡子規　122
町田守弘　193, 227
漫画　140, 227
万葉仮名　146, 154
『万葉集』　103
「矛盾」　75, 156
村田克也　144
村山敬三　76
『孟子』　48, 51, 54, 64, 153, 238
森鷗外　208
森岡正博　55
森野繁夫　80

【や行】

訳詩　8, 102, 113, 141, 182, 203
吉川幸次郎　34, 36, 119
「読み」の異なり　78

【ら行】

頼山陽　241, 242
リライト　182
輪講　239
歴史的事実　99
レトリック　97, 183
レポート　85
『老子』　59
『論語』　8, 48, 54, 59, 135, 166, 189, 238, 246
論理展開　200

【わ行】

ワードハンティング　193, 227
和・漢構文　217
和漢混淆文　21
和語　225
和文脈　126

創作　ii, 98, 103, 140, 186, 187, 195, 219, 220
素読　238, 239, 243, 245
素読吟味　238
曽根伸之　165

【た行】
大学入学試験　3
対話　15, 50, 52, 102, 113
対話性・論争性　51
高尾（七河）香織　136
竹村信治　52
たとえ話　64
田中宏幸　112, 183
棚橋尚子　230
谷口匡　103, 186
渓百年　240
単元学習　39, 171
千々岩弘一　213
茶山ポエム　138
中国における歴史記録　73
中国文化　20, 32, 126, 144
対句　97, 102, 108
対句的な表現　97, 98
追体験　134, 156, 199
辻本雅史　ii, 239
「早発白帝城」　182
『徒然草』　133, 153, 162, 166
ディスカッション　86, 167
ディベート　59
伝統的な言語文化　143, 207, 235, 236, 244
同議反復熟語　224
同訓異字　225
道徳・倫理　37, 70
「冬夜読書」　130
当用漢字　214
常盤佳子　187
杜甫　113, 119, 202
富永一登　130

【な行】
中井光　90
長澤規矩也　21
中西清　174
中村陸子　83
夏目漱石　130, 144
西原利典　48
日中の漢字文化　224
『日本外史』　99, 125, 241
日本漢文　8, 21, 125, 181, 242, 248
認識　80, 102, 127, 149, 163, 169, 224

【は行】
白文　23, 76, 156, 188,
長谷川滋成　164
長谷川孝士　149
波多野太郎　26
林子平　209
PISA　211
一つ主題（学習課題）のもとに現代文と古典（古文・漢文）の総合化を図る指導　150
批評　112
比喩・寓言　51, 184
平仄　105, 186, 196, 204
頻出する構文　80
深井鑑一郎　242
普遍的な「真実」　99
古川末喜　44
プレゼンテーション　60, 112, 189
文学的な面白さ　99
文章構成　184
文章構成法　184
並列型　172
保苅実　13
翻訳　5, 6, 24, 33, 74, 102, 117, 211, 237

訓読み　6, 225
「荊軻」 81
「月夜憶舎弟」 202
言語活動　44, 68, 149, 173, 180, 207, 249
言語活動の総合化　149, 173
言語感覚　103, 186
言語抵抗　28, 29, 142
言語能力の総合化　149
現代訓読文　44
現代語訳・口語訳　3, 29, 85, 103, 117, 138, 140, 165, 182
現代社会　49, 56
現代中国語　196
現代文（現代国語）　15, 39, 148
語彙　84, 213
孔子　49, 60
講釈　238
『航西日記』 208
構文　80
「鴻門之会」 88
『国訳漢文大成』 83, 87
故事成語　48, 64, 75, 181, 228, 235
「五十歩百歩」 64
古代文字　223
古典　5, 16, 86, 112, 126, 148, 180, 195, 228, 235
古典に親しませるもの　180
古典に親しむ　52, 193, 235
小林和之　57
古文　5, 15, 39, 148
古文と漢文の総合化　153, 249
コミュニケーション　51
子安宣邦　49
小山清　160

【さ行】
「塞翁が馬」 75
斎藤希史　146, 241
再読文字　24, 39
作品との対話　70
佐藤一斎　239
佐藤清太　29
『史記』 83, 182
小路口真理美　52, 171
字源　221
自己　52, 113, 167
詩語辞典　206
詩語表　105, 206
思想　48, 125, 144, 153, 165, 181, 189
七言古詩　204
史伝　73, 125, 181
「四面楚歌」 90
社会的・文学的コード　120
重層型　172
『十八史略』 81
熟語　6, 22, 109, 220
主題（学習課題）　39, 149
主題単元　39, 160
『荀子』 51, 54, 200
春望　119
春夜喜雨　120
昌平坂学問所（昌平黌）　238
常用漢字　6, 192, 214
小論文　200
初学課業次第（天保三年）　239
助字　29, 84
諸子百家　48, 75
推論　192
菅原道真　144, 195
杉藤美代子　64
「性悪」 54, 200
性悪説　54
省察　187
性善説　51, 54
斉読と範読　92, 94
世羅博昭　152
総合国語　148
総合的な学習の時間　53

索　引

【あ行】
青木五郎　88
秋山四郎　242
阿部正和　64
有木大輔　204
安藤信広（廣）　50, 68, 103
池田英雄　217
市川珠里　3
内堀維文　242
江川順一　197
江連隆　88
『淮南子』　75
『燕京歳時記』　27
押韻　103, 136, 196
王之渙　202
大木春基　38
太田亨　59, 146, 189
大村はま　171
面白さ　99
「音・義・形」　198, 213
音読　76, 103, 186, 196, 235
音読での「読み」　76
音読み　6, 79, 245

【か行】
会読　239, 249
書き下し文　23, 61, 74, 103, 156, 187, 192, 211, 240
学習観　3
学習指導要領　16, 48, 52, 59, 101, 127, 148, 214, 235
学習者　iii, 3, 20, 35, 49, 74, 101, 127, 149, 183, 216, 244
学習する必然性　178
語り　97
語り物　87
加藤和江　183
加藤美紀　6
川合康三　119
漢語　18, 36, 109, 154, 219
漢詩　101, 125, 130, 181, 186, 195, 220
漢字　6, 19, 102, 153, 192, 213
漢字イメージ　228
漢字字源　221
「登鸛鵲楼」　202
漢字力　213
菅茶山　130, 136
漢文　4, 237
漢文教育史　i, 13
漢文訓読法と万葉仮名の発明　152, 154
漢文と古文・現代文の総合化　148
漢文脈　74, 126
漢文脈の文体　74
漢訳　198
漢和辞典　102, 221
北崎貴寛　182
北澤正志　200
教育観　13
教科書　15, 88, 101, 153, 180, 235
教材の総合化　149
『経典余師』　240
寓話　48
句法・句形・語法　39, 83, 102, 184
倉石武四郎　89
桑原武夫　34
訓読　5, 17, 24, 36, 41, 44, 74, 102, 154, 184, 192, 196, 211, 235, 237, 243, 244
訓読体　i, 84, 239
訓読体漢文　238, 239, 241~245, 249
訓読文　66, 84, 187

執筆者一覧（執筆順）

浜本　純逸（はまもと　じゅんいつ）　神戸大学名誉教授・元早稲田大学特任教授
冨安　慎吾（とみやす　しんご）　島根大学准教授
植田　隆（うえだ　たかし）　海星中学高等学校教諭
菊地　隆雄（きくち　たかお）　元鶴見大学客員教授
阿部　正和（あべ　まさかず）　福岡県立鞍手竜徳高等学校教諭
世羅　博昭（せら　ひろあき）　鳴門教育大学・四国大学名誉教授
大村　勅夫（おおむら　ときお）　北海道旭川東高等学校教諭
岡本　利昭（おかもと　としあき）　神戸大学附属中等教育学校教諭
李　軍（り　じゅん）　早稲田大学非常勤講師
安居　總子（やすい　ふさこ）　元岐阜大学・元大正大学教授

ことばの授業づくりハンドブック
中学校・高等学校　漢文の学習指導
――実践史をふまえて――

平成28年12月31日　初版第一刷　発行

監修者　浜本　純逸
編　者　冨安　慎吾
発行所　株式会社　溪水社
広島市中区小町1-4（〒730-0041）
電 話 082-246-7909　FAX082-246-7876
e-mail：info@keisui.co.jp
URL：www.keisui.co.jp

ISBN978-4-86327-368-9　C3081